大阪 安うま 聖地巡礼

『ミーツ リージョナル』
3代目編集長
金馬由佳

講談社

やっぱり粉もん、
私のおすすめ

豚玉

お好み焼 千草（P20）

大阪自慢の
〃だし〃飲んで

鴨鍋

新喜楽東店 （P31）

サクッと立ち飲み

とろいくら、赤身

居酒屋とよ (P130)

ビフカツランチ

洋食Revo靱公園店（P40）

大阪の天津飯食べてみて

天津飯定食

中国菜オイル（P59）

大阪はスパイスカレーの激戦区

ボタニカリー×シュリンプカリー（エビ）

ボタニカリー梅田店（P69）

自家製プリン

アラビヤコーヒー (P100)

はじめに　ようこそ、「安うま聖地」の大阪へ！

「安くてうまい」店が当たり前のように立ち並ぶ大阪。「何気なく立ち寄ったお店が美味しかった」という、府外から訪れた人の声をなんべんも聞いてきました。

そのたびに大阪の街を誇らしく思ったものです。

小学生の頃、父によく梅田の亀すし（残念ながら2025年3月に閉店）や縄寿しに連れていってもらいました。「ここは安くて美味しいんや」とビールを飲みながら父はいつもご機嫌で、なんでも注文させてくれたことを覚えています。

「安くてうまい」というのは、最高の食べものの基準なんやな、と子ども心に刷り込まれたんでしょうね。それ以来ずっと、念仏のように唱え続けることとなるのです。そんな大阪人は私以外にもたくさんいてると思います。

今回、あらためて「安くてうまい」を考えるいい機会にめぐまれました。この本でご紹介しているのは、何度も行きたくなるお店や、その店の味です。決して「安《やす》もん」ではないのです。言いかえると「値打ちがある」ということ。『ミーツ・リージョナル』や『サヴィ』など雑誌を編集しているときに、いろんなお店を取材させていただきました。取材した回数よりも普通にお客として行く回数の方が多いな、そんなお店が「値打ちがある」店なのだと思います。

あらためて写真の撮影にうかがうと、ご店主はやはりサービス精神旺盛で、ホスピタリティが高い人ばかり。そういったところも、大阪の「値打ちがある」お店。そんな店に行くと、店のスタッフだけでなく、出会うお客さんもだいたいホスピタリティが高くて、楽しい時間を過ごせます。カウンターのお店などは、特にそんな相乗効果でいつも盛り上がっていますよね。

ゆえに、寿司店やバー、ビストロなど、店主やスタッフの方とお話がしやすいカウンターのお店が、私は大好きです。

目の前で板前さんの包丁さばきが見られる「カウンター割烹」は、大正・昭和初期に大阪で流行し、全国に広がった業態。大阪は「カウンター割烹」発祥の地と言われています。

大阪のだんさんの「あれやってえな」「この魚、こんなふうに料理して」みたいなやりとりができるのが、大阪人の気質に合っていたんでしょうね。今はそんな料理の細かい注文はできずとも、料理人やスタッフに「美味しさ」をすぐ、伝えられたり、飲み物についての話をあれこれできる楽しさが、カウンターにはあります。

京阪神エルマガジン社に入社し、大学4年のバイトから『ミーツ・リージョナル』創刊に関わらせてもらって丁稚編集者をスタート。その後、女性誌の『サヴィ』や、情報誌『エルマガジン』（現Lmaga.jp）、年に1回刊行するムック本などを担当。かれこれ40年近く大阪の街を見てきました。

大阪駅前は大きく開発されて商業ビルが広がっていますが、全然変わっていない一角もあります。大阪の「安うま聖地」も味は時代に合わせて少しずつ変わったとしても、持ち味は変わらない店がほとんど。あちこち巡ってぜひ、大阪の「値打ち」を感じていただきたいと思います。

もくじ

お店の＊印は巻頭カラーページにて紹介

お茶する

飲む

買う

＊本書の掲載データは2025年4月現在のものです。
また、価格は税込み価格を基本としています。
営業時間等、お調べの上お出かけください。

食べる

やっぱり粉もん、私のおすすめ

子どもの頃、お好み焼きは家で、家族で食べるもんやと思っていました。大学生になって安価なものを外食するようになり、当時の彼が銭湯好きだったのもあって、お風呂帰りは必ずお好み焼き屋へ。なぜか、銭湯の近くにあるんです、お好み焼き店が。それだけ、庶民の味やったということでしょうね。風呂上がりのビールは最高！　いろんなお店に行きました。

昔ながらのお店は、客席テーブルの真ん中に鉄板がドーンとはめ込まれていいます。弱火で鉄板が温められ、運ばれてきたお好み焼きが最後まで冷めないようにいただけるという利点が。もちろん、このテーブルで焼いてくれるお店もありますし、自分で焼く場合も。そんな昭和スタイルのお店が好きです。

日本一長いアーケード商店街の路地の昭和な店——お好み焼 千草《ちぐさ》

お好み焼きについては、大阪人ならそれぞれ好みの味わいがあると思います。私は、サクッと歯切れがよく、小気味いい感じの生地が好みです。それでもって甘く蒸されたキャベツの風味と、豚肉の脂身の香ばしさがあるやつ！　紅ショウガのアクセントは絶対ですね。そんな味わいの代表格がここ「千草」かな。

でも、レストランではないのやから、味についてとやかくはいいません。長らく営業を続けてこられているのがこのお店の味やないかなと思います。常連客の方もみなさん、味がある。お店を支えてこられたんやなという気がします。

そしてここ、豚ロース肉を生地ではさんで焼く名物の「千草焼」以外は、セルフで焼きます。それも人気の理由かもしれません。

で、ひとりで来ても必ず、豚玉に加えて焼きそばも頼んでしまうんです。せっかく来たんやから、どっちかだけとか難しい。食べきれず残したらパックに入れて持ち帰りにしてもらいます。豚玉850円、豚・いか・えびが入った焼きそば「チャンポン」1100円。

お店はJR天満駅からすぐ、天神橋筋商店街に交わる路地にのれんがかかっています。こんな立地もおもしろいですね。創業は昭和24年（1949）、まさに昭和の名店です。

手際よく焼きそばを焼く
「千草」の店主の蜷川《にながわ》裕規さん。
焼きそばはお店の方が
焼いて、テーブルに
運んできてくれます。
これまたもっちり麺で美味。

商店街から細い路地に
入ったところにあります。
開店前に行列ができることも。
ちなみに、スーツケースは
持ち込み不可。天満駅に
コインロッカーがあります。

お花のマヨアートが名物、ふわふわお好み焼き――みふ

ソースの味濃いめ、がビールをグイグイ進ませる、お好み焼きの名店「みふ」です。こちらも創業60年近くという老舗。3代目の店主さんがそろえる海鮮や熊本から仕入れる牛肉「和王」の鉄板焼きなどのメニューが、飲みたい私としてはうれしいラインアップ。まずは、これらを前菜にして、続いてお好み焼き、焼きそばでお腹いっぱいに。テーブルに鉄板が備えてあり、ゆっくり食べても冷めることがありません。

ソースをぬったお好み焼きには、ヤマユリのマヨアートが！　とん平焼きにもまた違ったマヨアートが描かれ、店主さんの茶目っ気がニクいです。

お店は大阪メトロ北浜駅が最寄りです。ビルの階段をあがった2階にあります。

コースで楽しめる、エンタメお好み焼き――富紗家《ふさや》 本店

大阪に遊びにくる友人たちを、もう何人案内したか、わからないぐらいお連れしました。お好み焼きって単品でお腹いっぱいになるから、なかなか「宴会」でのチ

ヨイスはないけれど、ここはコースで楽しめるので「大宴会」が実現する貴重なお店です。しかも、そのコース内容、20年以上変わっていない！

「豚もやしセイロむし鍋」からスタートし、「キムチ焼そば」「トントン焼」と続きます。「モーチーズ焼」や「フライデー焼」など、おもしろいなと思っていたメニュー名もずっと変わっていません。

「トントン焼」は、生地に小麦粉を使わず、山芋とキャベツと豚肉で仕上げたお好み焼き。「モーチーズ焼」は餅とチーズと大葉でとろりとした味わい。「フライデー焼」は、だしに浮いた小さなお好み焼きをいただく、明石焼きのようなアイデア料理。

こんな多彩な料理が順にいただけるとあって、エンタメ感は最高。単品でも「イカスミモダン」や「明太トロロ焼ソバ」など、そそられるメニューがたくさんあります。粉もんパラダイスをぜひ味わってください。お店は谷町六丁目の空堀商店街にあります。

関西以外から来た方に「たこ焼きってどこが美味しい？」と聞かれることがよくあります。心の中で正直、「そんなん、どこでも美味しいで」と思うし、「地元の商店街の店が一番やわ」とごひいきは人によってそれぞれでしょう。でも、わざわざ行くんやったらなぁ……とおすすめするのはこの2店。

だしの味わいを楽しむたこ焼き——うまい屋

私は、たこ焼きにソースやマヨネーズをつけず「そのまま」で食べたい派なんですが、これは「うまい屋」のたこ焼きを食べて以来かと思います。子どもの頃はたこ焼きにソース、青のりは、あたりまえやと思ってました。

大人になって初めて「うまい屋」のたこ焼きを食べた時の衝撃いうたら！「そのままの『素』の味でめっちゃ美味しいやん！」と感激しきり。それ以来、私の中のたこ焼きの味の基準になったのは言うまでもありません。

年季の入った鉄板で焼くからかなぁ、この優しい味わいの〝カリトロ〟は他に代えられませんね。もちろん、ソースをつけて食べることもできます。店内で瓶ビールと一緒にいただけるのもいいですね。天五中崎通《てんごなかざきどおり》商店街の中に店を構えて70年以上、1953年の創業です。

「自分で焼ける」エンタメたこ焼き――蛸之徹 KITTE大阪店

1979年の創業以来、大阪マルビルの地下でずっと営業されていた「蛸之徹」。マルビルが建て替えのために取り壊され、どこに移転？　と思っていたら、大阪中央郵便局の跡地に建ったKITTE大阪のビル内に。ちなみにマルビル跡地は、大阪・関西万博へ向かうバスの発着ターミナルとなります。

同僚ファミリーが大阪に帰省した時に、移転後間もない同店にランチ同行。小学生の息子くんの「たこ焼き、焼きたい」の希望で思う存分、「焼き」を堪能しました。うちら大阪人は、何度も家で焼いているので慣れていますが、初めての方にも店員さんが焼き方を丁寧に教えてくれます。なかでも驚いたのが、たこをいっぺんに全部、鉄板の穴に落とすプレート状の器具。店員さんが操作してくれますが、時短と清潔が一挙にかなう名案だと思いました。

たこ焼き以外のメニューも豊富なので、昼飲みや居酒屋づかいも申し分なし。テーブル席ですが、おひとり客もご遠慮なく。エンタメたこ焼きが楽しめますよ。

「うまい屋」のたこ焼き。
外はカリッと、中はとろり。
この〝とろり〟が独特で、
なんともいえず、美味しさの
余韻がいつまでも楽しめます。
8個520円。

お好み焼 千草

大阪市北区天神橋
4の11の18
☎06・6351・4072

みふ

大阪市中央区高麗橋
2の3の13
☎06・6201・1562

冨紗家 本店

大阪市中央区谷町
6の14の19
☎06・6762・3220

うまい屋

大阪市北区浪花町
4の21
☎06・6373・2929

**蛸之徹
KITTE大阪店**

大阪市北区梅田
3の2の2
KITTE大阪4F
☎06・6345・0301

大阪自慢の〃だし〃飲んで

全部飲み干したい！　だしを堪能するなら大阪うどん――道頓堀 今井 本店

大阪を代表するうどんといえば「道頓堀《どうとんぼり》今井」の「きつねうどん」。甘く炊いたおあげをのせたうどんです。風味がふくよかな味わいのだしに、やわらかめのうどんがからみ、つるつるっといくらでも食べられる。合間にしっとりと煮あげたうすあげをかじれば、ほどよく甘辛いお汁がキュッと口の中にあふれ出て、こちらもだしと渾然一体となり、思わず「あぁ〜っ」とため息が出ます。

卓上の七味唐辛子もゴマの風味が良くてやっぱり、こちらのうどんに合いますね。うどんはきつね以外もなんでも美味しく、いつも悩みに悩んで選びます。あと、絶対に注文するのがささ巻ずし。ひと塩した鯛の身で木の芽をのせたしゃりを包んで笹の葉で巻いてあり、その姿も美しい。甘いものが食べたい方には、とろとろのわらび餅も絶品です。板わさやあなごの肝など、一品料理も多く、酒肴を楽しんで、シメにうどんという使い方も。

だしは、北海道産の天然真昆布と九州産のさば節とうるめ節を使って丁寧に作ります。しっかりとしたコクと旨みがありながら、上品に風味よく仕上げた味わいです。このおだしは5代目の妻である今井マチ子さんが完成させたもの。創業以来ずっと、この味わいが大切に受け継がれています。

店前には柳の木が1本。道頓堀が以前、芝居小屋でにぎわった時代を見てきたかのようにやんわりと立っています。この柳を目印にお出かけください。

カレーでそばで、しかも「冷やし」!? 夏の絶品メニュー――――そば處とき

北新地にある「そば處とき」の夏限定「冷やしカレー蕎麦」がおすすめです。期間は5月から9月中旬頃まで。ランチタイムは2200円でいただけます。

初めて食べた時の衝撃といったら……。そばやのに、カレーやし、しかも「冷やし」ですよ。これが本当にもう、絶品なんです。「スパイシーなだし」ってそばにこんなに合うのね、と目からウロコ。自家製のそばは、北海道の生産者から取り寄せた玄そばを石臼で丁寧にひいて、手打ちするため、素朴な香りと味わい深みがあります。それがスパイスが溶け込んだだしとからんで……おかわりしたいぐらい。

素揚げしたかぼちゃにパプリカ、オクラ、ズッキーニ、なすなど夏野菜もたっぷ

り味わえるのが女子にはうれしい。夏には何度も食べたい味です。

温かいカレーそばもあり、月曜から金曜限定で昼には巻き寿司が付く「温カレー蕎麦」1500円、夜には「和牛カレー南蛮蕎麦」2500円がいただけます。

ランチタイムは、界隈のサラリーマンでいっぱい。夜は酒肴をアテにそば飲みもOK。深夜まで営業で、飲んだ後に行ってもさらにだらだら飲めちゃうという……困ったお店です。巻き寿司や天巻き寿司はお土産にも喜ばれます。

「鴨鍋」のだし、こちらも飲み干さずにはいられない――新喜楽《しんきらく》 東店《ひがしてん》

「鴨鍋」といっても、一人前の小鍋で出されるメニューが名物の小料理店「新喜楽」。梅田エリアに数店、展開されています。ランチセットもあり、昼時は鴨鍋定食を注文するサラリーマンで店内は大混雑。

脂ののった合鴨が食べやすく細かく切られ、ねぎや豆腐と一緒にたっぷりのだしの中に入っています。そして卵でゆる〜くとじられているのです。ひと口すれば、胃に心にしみる味わい。この優しさが忙しいサラリーマンたちを癒してくれるのかもしれません。

夜は単品で、ご飯は付いていませんが、残り汁で雑炊を注文できるとのこと。ランチにはご飯が付いているので、お行儀が悪いかもしれませんが、いつも汁かけご飯風にいただいています。山椒をたっぷりかけるのがおすすめです。

ランチで人気を二分するのが天ぷら定食とお造り定食。お店によっては、鴨鍋の小鍋もあったりと、組み合わせ自在です。私が好きなのは、「新梅田食道街」のなかにある東店。迷路のような通路に大衆的な飲み屋さんが軒を連ねた雑多な雰囲気が魅力です。鴨鍋定食は、ランチタイムには1210円でいただけます。

「肉吸い」これもまた究極の大阪名物――千とせ 本店

吉本新喜劇の俳優だった花紀京《はなききょう》さんが二日酔いで「肉うどん、うどん抜きで」と注文し、定番メニューとなったというのは有名な話。

「千とせ」発祥の「肉吸い《にくすい》」は、うどんの代わりに半熟卵が落とされています。かつお節とうるめ節でとった優しい味わいのだしに、甘めに炊いたたっぷりの牛肉、この組み合わせが胃にじーんとしみわたります。すき焼きほど、味が濃くないのがいいですね。

JR大阪駅のすぐ東の高架下、
新梅田食道街。
新喜楽はこの東店のほか、
大阪メトロ西梅田駅に隣接する
ホテル・ヒルトン大阪の地下にも
姉妹店があります。

「好みで豆腐を入れて味わって」というお店からの提案も。なるほど！　それは今度やってみよう。小ご飯に生卵を落とした「小玉」とセットで注文するのが人気とのことです。

甘辛く炊いた牛肉は卵との相性も抜群で、ご飯が進むこと間違いなし。だしと牛肉の旨さがいっぺんに味わえる、究極の大阪名物です。

だしの味わいをご飯でも――大黒《だいこく》

打ち出の小槌を染め抜いたのれんがかかる、たたずまいも風情のある老舗。創業は明治35年（1902）だといいます。

「炊き込みご飯」のことを大阪では「かやくご飯」と呼びます。「いろいろ入っている、混ぜる」という意味を「加薬」とする薬問屋が集まる道修町《どしょうまち》あたりの言い方が広まったのではないかという説が有力らしいです。

「大黒」のかやくご飯を初めて食べた時、「え？　たったこれだけ」と驚きました。かやくの具がごぼう、こんにゃく、うすあげの三つだけだったからです。でもそれは、利尻昆布とかつお節でとっただしの味わいを堪能してほしいから。潔いなあと感心しました。ごぼうやこんにゃくは香りと歯応えのアクセント、だしを吸ったうすあげの旨みが、じわ〜っと口の中に広がります。大きな釜で炊き上げるので、美味しくないわけがない。

おつゆは、寒い時なら迷わず粕《かす》汁やけど、やっぱり白みそかなあ。それにかれいの煮付けをチョイス。魚はほかにもぶりの照り焼きやさばの塩焼きなども。おかずはおひたしやきんぴらなど10種類以上あります。

持ち帰りもできるので、旅路の帰りのお弁当にしてもいいかもですね。

道頓堀 今井 本店

大阪市中央区道頓堀
1の7の22
☎06・6211・0319

そば處とき

大阪市北区堂島
1の3の4
谷安ビル1階
☎06・6348・5558

新喜楽 東店

大阪市北区角田町
9の26
新梅田食道街1F
☎06・6361・4659

千とせ 本店

大阪市中央区難波千日前
8の1
☎06・6633・6861

大黒

大阪市中央区道頓堀
2の2の7
☎06・6211・1101

ザ・大阪大衆寿司

大阪市内で人気の寿司店は、やはりひとり単価1万円以上。いや本当に美味しいので、「値打ち」は大いにあるのですが、庶民は5千円ぐらいで食べたいですよね。下町風情が残るエリアには、探せばあります、そんな店。たとえば、福島の「双葉寿司」や都島の「すし駒」、上本町《うえほんまち》の「ほてい鮨」や天下茶屋の「越中屋」、新世界の「大興寿司」など。大阪らしい気軽な店ばかりです。

そんな気軽な寿司店がいちばん密集しているのはJR天満駅界隈ではないでしょうか。駅の改札を出てすぐ北へ向かう路地に、酒屋の角打ちで寿司を出す立ち飲み店「奥田」さん。その並びにちょっとおしゃれな「天満鮨」「すし処かい原」「喜与すし」「鮨処うお徳」、鮮魚店直営の「寿司屋のだ」。お寿司でさえハシゴできる天満の懐の深さよ……。

このほか、大阪市内には、すし居酒屋や立ち食い寿司店の快進撃を進める「さしす」と「ニューすしセンター」のビッグニューウェーブが。店内が明るく気軽に入りやすい外観で、若者から年配客までわれら大衆の心をがっちりつかんでいます。

激戦区の天満で安うま寿司のパイオニア――浪花奴寿し 天五店

安うま酒場が軒を連ねる天満エリアで、約70年もの間、「安うま寿司」として君臨してきた「奴寿し」。のれん分けなど紆余曲折を経て、「奴寿し」を名乗るお店は現在3店舗。それぞれが常連さんを持ち、しのぎを削るなか、「浪花奴寿し 天五店」はひとりでも訪れやすいと人気です。

ひと皿で2種類のネタが食べられる「おまかせコース」がおすすめ。お腹いっぱいになったところで、「ストップ」をかけるスタイルです。シャリは小さめなので女性でもたくさん堪能できるはず。ネタの多さにも驚きます。

数は少ないけれど、寿司に合うこだわりの地酒をそろえており、日本酒好きの人には満足できるラインアップかと思います。

快進撃が進む「さしす」立ち食い寿司店――立ちすし酒場さしす

サラリーマンの立ち飲みの聖地「新梅田食道街」に2024年末、ドーンとオープンした立ち食い寿司のカウンター。「すし酒場さしす」の立ち飲み店です。「すし酒場さしす」は2020年1月、大阪駅前第3ビルに開店し、直後から常に満席で行列必至の人気店に。以来、関西に9店舗を展開してきました。

コスパの高い理由は「単純に薄利でがんばっているだけ」という同店。「とろ鉄火巻」や「海老三昧」といったメニューは、ぶっちゃけ、これ出るときつい！　というクオリティとのこと（Lmaga.jp　2022年8月4日配信「コロナ禍に大ヒット、大阪の行列居酒屋『さしす』急成長のワケ」記事より）。

サクッとひとり飲みもできるし、3～4人でワイワイすることもできる使い勝手バツグンの超ロングカウンター。思う存分、寿司を満喫してほしいです。

浪花奴寿し　天五店

大阪市北区天神橋
5の4の5
☎06・6358・1139

立ちすし酒場
さしす
新梅田食道街店

大阪市北区角田町9の26
☎06・6360・9520

大阪来たら、牛肉食べて

大阪で「肉」といえば牛肉。我が家も例にもれず、子どもの頃に豚肉が食卓にあがったのは、トンカツの時だけでした。「肉まん」を「豚まん」と呼ぶのも大阪ならではですよね。

関西では畑や田んぼを耕すのに牛を使っており、その牛を食用にしたことから、牛肉文化が根付いてきたといいます。今でも、関東に比べて価格も安いのかな。スーパーでも牛肉の品揃えは豊富だと思います。

昔から、牛肉に親しんできた大阪人。しかも「ビフテキ」「ビフカツ」と、料理名は「ビーフ」でなく「ビフ」(笑)。大阪弁イントネーションで言いやすいからでしょうかねぇ(気が短い、せわしない、言葉を短縮する習性がある大阪人、という説も)。「ビーフステーキ」というよりは「ビフテキ」の方が気軽な感じ、特別じゃない普段着の感じがするのは、私だけでしょうか。お店のメニューにも「ビフテキ」「ビフカツ」と記載されている洋食店は多いです。

お得すぎるステーキランチ、中津のお店が狙い目――キャトルラパン

「キャトルラパン北新地店」の「ステーキランチ」は3ヵ月先まで予約でいっぱい。ならば中津にある、予約不可で行列必至の北梅田店に突撃するしかない。ミディアムレアに焼き上げられたカイノミ（代わることもあります）肉塊の赤身肉は、何枚でもぺろりといける軽い味わい。ステーキ1枚は200グラムで1150円、1枚半で1500円、2枚で1800円という価格（スープ、ライス付き）。これはもう、並ぶ覚悟で行くしかないでしょ。

食べやすくカットされたお肉は、やわらかくて食べやすい。ショウガ風味のソースがご飯を加速させ、箸の上げ下げが止まりません。こんな感じで、一気に食べちゃう人が多いせいか、わりと並んでいても回転が速いみたい。完食後の満足感が半端ないです。

デミグラスソースがからんだ究極のビフカツ――洋食Revo《レボ》 靭《うつぼ》公園店

ビフテキもいいけど、「ビフカツ」が大好きなんです。やわらかい赤身の肉にカ

リッとした衣、デミグラスソースがからんでいるのが好きなんやなぁ。ゆえにビフカツサンドも大好きです。大阪に来たらぜひビフカツやビフカツサンドを食べてほしい。黒毛和牛を一頭買いするという「洋食Revo」さん。牛肉の美味しさには定評があります。天下茶屋が本店ですが、行きやすい靭公園店がおすすめ。

ビフカツは、単品でもオーダーできるし、コース料理のメインでもチョイスできます。お肉の真ん中がロゼになるよう、いい具合にカリッと揚げられたビフカツに、香ばしいデミグラスソース。このバランスがたまりません。洋食店ならではの至福ですよね。ビフカツ2000円。ランチタイムは同じ価格でスープ、サラダ、ご飯が付きます。

キャトルラパン
北梅田

大阪市北区中津
1の16の25
☎080・9123・9191

洋食Revo
靭公園店

大阪市西区京町堀
2の14の1
☎06・7223・8736

天下茶屋の「Revo」で腕を磨き
のれん分けして店を持った
若き店主、石丸隆之さん。
靭公園北側に面し、
のんびりとした時間が
ここには流れています。

納得のいくビフカツサンドなら……

大阪だけでなく、神戸や京都でも美味しいビフカツサンドを出す店は多くあります。洋食店はもちろん、オーセンティックなバーで提供されている場合もあるでしょう。だいたいフィレ肉などの柔らかい赤身の牛肉を使われますが、やはりちょっとばかりお高い。で、納得のいく価格のビフカツを常に探しています。テイクアウトなら「お値打ち」であるんですよ、これが。

お肉屋さんならではのお値打ちビフカツサンド――肉のさかもと

精肉店「肉のさかもと」は、通天閣の北の「新世界市場」の入口にあります。明治43年創業の老舗です。ここでは、ビフカツをはじめ、コロッケやハムカツ、串カツなどの揚げものを販売しています。テイクアウトはもちろん、店内のスペースで揚げたてをいただくことも。

そして、ビフカツサンドはなんと、「ビフカツサンド」「ヘレカツサンド」「特上ヘレカツサンド」と3種類もスタンバイ。さすが精肉店ですね。大阪では赤身のフィレ肉のことを「ヘレ」といいます。脂が少なくキメ細かくて柔らかい部位です。ビフカツはもも肉を使っているとのこと。

注文すると、フライパンで食パンの表面を軽く焼いてくれます。からしの利いた特製ソースを塗って、揚げたてのビフカツをサンド。一番安いビフカツサンドで800円、これでも十分柔らかくて美味しいですよ。精肉店ゆえリーズナブル。大阪でいちばん「値打ちのある」ビフカツでは!?

厚切り牛と関西風だし巻卵のカツサンドイッチ ―― レストラン YOKOO《ヨコオ》

「YOKOO」は、大阪市福島区で50年以上続く老舗の洋食店。ランチタイムには行列ができるほどの人気店です。3代にわたって通うご家族も少なくなく、洋食に和食やフレンチのテイストも加えた家庭的な味わいで人気です。

新大阪駅構内のお店では、カウンター席でビフカツやオムライス、カレーやステーキをいただけるほか、「牛カツサンド」や「ミックスサンド」をお土産にできます。4切れと6切れ、量が選べるのもいいですね。ミックスサンドは、厚切り牛カツと関西風だし巻玉子を揚げたもの、2種類が入っています。

電話で予約しておけば、待たずに受け取れるのでおすすめ。サンドイッチはほかに、「厚焼きたまごカツサンド」や「ポークサンド」「チキン南蛮サンド」も。

名物・厚切り牛カツサンド4切1450円、6切2150円。ミックスサンド4切1180円、6切1850円。

肉のさかもと

大阪市浪速区恵美須東
1の22の6
☎06・6641・0508

YOKOO
大阪のれんめぐり店

大阪市淀川区西中島
5の16の1 JR新大阪駅
新幹線改札内3F
☎06・6305・0700

新幹線の新大阪駅構内で買える
「YOKOO」のビフカツサンド1850円。
真ん中はちょっと甘めの
だし巻き玉子のフライ。
添えられたカラシをつけて
いただくと、最高に美味しい。

ひとり焼肉、どうですか？

わいわいと4人ぐらいでの焼肉はもちろん楽しいけれど、「ひとりやけど、焼肉食べたい」って時ないですか？　カウンターのあるお店だと、ひとりでも心おきなく焼肉に集中できますよね。

1人前のお肉が小盛りだったたり、ハーフサイズで注文できたりする焼肉店が大阪市内でも増えています。自分の好きな部位だけを、好みの焼き加減で思う存分食べられるのがいいですね。白ご飯やキムチ、焼き野菜なども自分好みでオーダーできます。

ご紹介する3店舗以外にも阪急中津駅から梅田駅の高架下「炭火焼の店　焼肉茜」、京橋の「ホルモン徳いち」もカウンターだけで、ひとり焼肉にぴったりです。

北新地で41年、焼肉の名店が大阪駅前に――――焼肉さつま　大阪駅前店

2025年2月に新規オープンした「焼肉さつま」。北新地で創業41年、予約が取れない人気の焼肉店です。場所はＪＲ大阪駅の高架下、桜橋口と西口の間に開店しました。

ここは塩焼きがウリ。お肉に自信がなければできませんね。お店の推しは「特選ヘレ」です。ただ１７０グラムで３７００円と値段が高い！

で、注文は上タン塩焼とハラミに。お肉の量は6切れほどです。キムチと生ビール（小）をお願いし、アフタヌーン焼肉を楽しみます。ひとり焼肉が昼飲みでかなうなんてすばらしいなあ。

カウンターにはピカピカのロースターが備えられています。私以外にも、ひとり焼肉を堪能する御仁が。さっそくタンから焼きます。レモンをキュッと搾っていただくと、プリップリの歯応え。細かく脂ののったきれいなピンク色のタンでした。ハラミもやわらかくていい感じ。タレはあっさりしています。これはビールが進むわ。そしてやっぱり、マッコリも追加してしまって完食。

ちなみに14時までのランチタイムは、黒毛和牛カルビ定食１６００円とトンテキ定食１３００円がスタンバイ。こちらもそそられますね。

お値段は、上タン塩焼１３００円、ハラミ１２００円、カイノミ１３００円、上ミノ９００円、白菜キムチ３５０円など。

「焼肉さつま」のカウンターで。
上タン塩焼、カイノミともに
1300円、ハラミ1200円。
ガッツリ堪能したい人には
厚切りのサーロインやヘレも。
塩焼きでどうぞ。

カウンターにひとり1台のロースター ——— やきにく萬野 ルクア大阪店

梅田の商業施設「ルクア大阪」の地下にある「やきにく萬野」。大阪市内に数店舗を展開する、精肉店直営のお店です。ルクアの店のカウンター席はまさにソロ仕様。椅子席の前にひとり1台、無煙ロースターが仕込まれています。

お肉は1人前とハーフサイズが選べるので安心。ひとりでも3、4種類は食べられますね。ホルモン盛り合わせもハーフで注文できます。

肉のお値段は、カルビ1760円（ハーフ880円）、コリコリタン［タン先］990円（ハーフ495円）、国産てっちゃん660円（ハーフ330円）など。

こだわり肉を1枚から、立ち飲み焼肉 ——— 焼き処 肉と「その時々の」

ビルの5階から梅田の景色を見下ろしつつ焼肉を堪能できる貴重なお店。牛肉は、飼料にこだわった「株式会社ベルファーム」（福島県塙町）の雌牛など、肥育牛の生産現場の経験もある店長が日本各地の育て方にこだわった生産者を選び、仕入れているといいます。その時々により希少部位が提供されるというから、いつ行っても期待できますよ。
お値段は、赤身肉のあか盛り1880円（ハーフ940円）、ホルモンのしろ盛り1180円（ハーフ590円）など。店はJR大阪駅西口に直結するイノゲート大阪の「バルチカ03」内にあります。

焼肉さつま
大阪駅前店

大阪市北区梅田3の1の1
エキマルシェ大阪UMEST
☎06・6147・5229

やきにく萬野
ルクア大阪店

大阪市北区梅田3の1の3
ルクア大阪B2Fバルチカ
☎06・4798・2929

焼き処 肉と「」

大阪市北区梅田
3の2の123
イノゲート大阪5F
☎090・4488・8641

新世界で串カツはしご

「ソース二度づけ禁止なんでしょ⁉」。大阪の安うまグルメに期待を寄せる人たちは、目を輝かせてこう聞いてくれます。「二度づけ」は当然、体験できないわけなんだけど、その状況を楽しんでみたいという人が後を絶ちません。

串カツは、大正末期から昭和初期ごろ、「新世界」が発祥の地。このエリアの近隣で働く労働者のため、安くてお腹がふくれて時間をかけずに食べられるよう、薄い牛肉に厚い衣をつけて揚げる串カツが考えられたといいます。

そもそも「新世界」の名はパリとニューヨークのような新名所を目指したのが由来です。1903年に開催された「内国勧業博覧会」の跡地に、1912年、パリのエッフェル塔をモデルにした初代「通天閣」が建てられ、同時に作られた遊園地「ルナパーク」のシンボルタワーとなりました。この開業により、新世界には芝居小屋や映画館、飲食店が集まるようになり、大いににぎわいましたが、遊園地は経営不振で1923年に閉園となりました。

串カツ店は今も「新世界」に多く店があり、大阪市内でも下町の商店街やターミナル駅の地下街で人気です。「だるま」や「田中」は多くの店舗を展開するチェーン店で気軽に食べられます。

キャラ立ち串カツと、どて焼きめぐり

というわけで、昭和初期から串カツ店が密集している「新世界」では、個性際立つ店がしのぎを削ります。「安い・早い・うまい」が大阪人の心をつかみ、戦後も食中毒の心配が少ない串カツを出す店が増えたといいます。ハシゴして十分に楽しめるくらい、カツの衣の味わいやソースの感じが店によってちょっとずつ違います。

串カツをハシゴするには、まず「ジャンジャン横丁」を攻めましょう。「ジャンジャン」とは、三味線や太鼓の音のこと。戦後、店から呼び込みのための音がジャンジャン響いていたことからその名がついたといわれています。なんとも大阪らしい呼び名です。

大阪メトロの動物園前駅で降りれば、ジャンジャン横丁を南から北へあがっていくことになります。まずは「**八重勝**」。平日も行列が絶えないため、順番に並んで

待つスペースが店内にあるほど。エアコンが効いていて暑さ、寒さがしのげるのがありがたいですね。大きなコの字型カウンターに座れば、串カツを揚げる様子やどて焼きがぐつぐつ煮える鍋を目の前に、臨場感たっぷりで楽しめます。ちょっと甘めのソースでいただく串カツは薄めの衣でサックサク。牛ヘレやえびは食べ応えのある高級メニュー。定番の肉や野菜に加え、カマンベールチーズやささみ生姜、えびもちなんてのも。これだけのラインアップがあれば、好き嫌いが多い人も満足できるのでは。

同じくジャンジャン横丁で隣り合わせの「**てんぐ**」もパン粉細挽きのサクサク衣。ここでは、とろとろのどて焼きもぜひ味わってほしい。やわらかい牛すじに甘めの白味噌がからんで最高です。新世界の串カツ店はだいたい、どて焼きもおいている所が多く、まずはビールとどて焼きで乾杯。そして、串カツが揚がるのをワクワクしながら待つのがよろしいかと思います。串カツメニューは王道の布陣。えび、かき(季節限定)、貝柱は自分へのご褒美で。ゆで卵を丸ごと揚げた玉子フライやベーコンタマゴもボリュームがあり人気です。

「**近江屋**」は2店とはちょっと場所が離れますが、通天閣のほぼ真下に店を構える老舗。パン粉をつけない串カツの衣は、牛脂だけで揚げるため、外はカリッと中はふわっとした食感。フリッターのような味わいに、どろっと濃いめのソースがパンチ効いてます。ご飯と味噌汁でシメることもできますよ。まぐろほほ肉やすなずりなど、串カツには珍しいメニューも。

八重勝

大阪市浪速区恵美須東
3の4の13
☎06・6643・6332

てんぐ

大阪市浪速区恵美須東
3の4の12
☎06・6641・3577

近江屋 本店

大阪市浪速区恵美須東
2の3の18
☎06・6641・7412

串カツ店はどこも
こんなふうに煮込む
どて焼きをおいてます。
「八重勝」では3本300円。
持ち帰りもOK。
串カツは牛ヘレ400円など。

ジャンジャン横丁の串カツ店は
どこも行列必至。
「八重勝」では店内に並ぶスペースが
作られています。
射的や喫茶店など
昭和なお店が盛りだくさん。

通天閣の方から
ジャンジャン横丁に入る
アーケード。
通りは外国人観光客でいっぱい。
道頓堀と並ぶ名所に
なっていますね。

大阪の天津飯食べてみて

東京の天津飯《てんしんはん》を食べたことがないのですが、ケチャップベースの甘酢あんがかかっていると聞いて驚きました。ルーツは酢豚の甘酢あんだそうで。地元でなじんだ味が、世間では一般的じゃなかったとわかった時の「マジで？　知らなかった！」というリアクション。『秘密のケンミンＳＨＯＷ』のアレですね。

というわけで、大阪の天津飯をぜひとも食べてみてほしい。やっぱり、中華のだしが効いているのです。

オイスターソース風味のあんがたまりません――中国菜オイル

「すぐできるからな、準備できたらゆうてや」と店主の森本好広さん。おっしゃる通り、ちゃちゃっと5分もたたずに出来上がりました。まずは、香ばしく焦げ目をつけるようにかための卵焼きを焼く。そして手早く調合してとろみをつけた熱々のあんをかける。

「広東《カントン》スタイルや」と出してくれたのは、オイスターソースの旨みあふれる天津飯。後を引く旨みのせいで、れんげの上げ下げが止まりません。えびとねぎを入れしっかり焼いた卵の厚みを濃厚なあんが包みます。なるほど、卵がトロトロだとあんと混じって味がぼやけるのかなと納得。天津飯はランチタイムのみ注文可。小皿、スープ付で1400円。

「中華料理は油が大事」と四川産の唐辛子や山椒で仕込む自家製ラー油は販売も。料理に使う山椒油や甜麺醬《テンメンジャン》なども手作りです。店内には、ビンに入った八角《はっかく》や山椒、陳皮《チンピ》などがカウンターにずらり。スパイスの香りがほのかに漂っています。

実は釣りが趣味だという森本さん。撮影にうかがった日も大きなあじをさばいていました。定休日の日曜に和歌山で船釣りするとのことで、週明けには魚料理の一品として登場することもあります。

やさしい味わいのシンプルな天津飯――福龍園

あのね、お粥みたいにやさしい味わいですよ、「福龍園」の天津飯。オムライスのようにご飯をふわりと焼いた卵で包み、鳥ガラスープの滋味深いあんがたっぷり

中華鍋で手早く
天津飯のあんを仕上げる
「中国菜オイル」の
店主の森本さん。
店内にはオイスターソースの
芳しい香りがただよいます。

とかかっています。卵の中にはほぐしたかに身が少し。鶏ガラスープのだしが効いたあんに心が癒されます。

実は、四川《シセン》料理の人気店で、麻婆豆腐がダントツ人気。ランチは単品かセット（4種類）が選べますが、迷わず麻婆豆腐（小皿）とスープのついたセットに。

お昼は、お客に合わせるという（!?）「おまかせ麺」や、スパイスの効いた汁そばやあんかけ麺など、凝った麺類も魅力。毎日通っても楽しめます。南森町で創業30年、押しも押されぬ町中華の名店となった。店主の浅見龍彦さんは、陳建民の孫弟子筋だといいます。

新世界で「町中華」もありですよ――香港

安うまグルメの代表格「町中華」。日本全国の店を行脚したいですよね。雑誌『ミーツ・リージョナル』でも特集すれば人気がありました。

私がここ「香港」を気にとめたのは、１９８０年代後半。京阪神エルマガジン社で発刊していた『グルメマニュアル』というムック本に「炒飯」カテゴリーで掲載されていたのです。当時、大学生だった私は、それがめちゃくちゃ気になって、新世界まで食べにいったことをおぼえています。パラパラではなかったけど、期待通りの濃い味中華に大満足でした。

それ以来、何度かおうかがいしていますが、とにかくメニューの多さが半端ない。中華で「食べたい」と思い浮かぶ料理はすべてあります。なかでも「豚肉の唐揚げ」が人気で売り切れることも。分厚い肉をこれでええか、とご主人が見せてくれます。香ばしく、がっつり揚がった豚肉は、肉汁ジュワ〜でビールが進む。塩か辛子醤油でいただきます。

店はカウンターのみ8席ほど。ひとり飲みにもうってつけ。

中国菜オイル

大阪市福島区福島
6の19の12
☎06・6442・1115

福龍園

大阪市北区天満
4の16の8
☎06・6353・7224

香港

大阪市浪速区恵美須東
1の19の12
☎06・6631・6327

通天閣本通の商店街からの眺め。
明治40年創業の老舗蕎麦店
「総本家更科」が
この通りにあります。
町中華として愛されている
「香港」は通天閣のすぐそば。

「ぜひ駅弁に」唯一無二のシュウマイ

ギョーザや豚まんって、大阪には誇れるお店が何軒もあるのだけれど、美味しいシュウマイってなかなかない気がします。横浜では崎陽軒《きようけん》のシウマイが有名ですよね？　私も新幹線でつい買っちゃいます。それに匹敵するほどキャラ立ちしているシュウマイ、ぜひ駅弁にしてほしいのがあるんです。その二つを紹介します。

卵で包んだ、やさしいえびシュウマイ――――――――一芳亭 本店

ひとつは難波《なんば》に本店を構える「一芳亭」のシュウマイ。食通で有名な池波正太郎さんも著書に残すほどの繊細な味わいです。言葉を借りると「荒けずりなようでいてデリケートな味。家庭の惣菜のように見えて専門家のみにゆるされた品格が到底、まねのできるものではないことを感じさせる」と。大絶賛ですね。

自家製の薄焼き卵で作った黄色い皮で包まれたあんは、蒸し上がるとほんのりピンク色に。これは豚ミンチにえびが入っているためで、この色合いがまた良きです。玉ねぎは淡路島産を使っており、これがまたやさしい甘みを添えています。

ふわっとやわらかく、口溶けのいいシュウマイは唯一無二の味。テイクアウトもできますし、難波の高島屋と梅田の阪神百貨店で数量限定販売もしています。

店内でいただく時は、ビールにシュウマイ、若鶏唐揚げと春巻が定番。素朴な味を楽しんでください。創業は1933年です。

生姜が香り立つジューシーなシュウマイ――焼賣太樓 桜橋店

西梅田の桜橋交差点近くに店がある「焼賣太樓」。1952年創業の老舗です。名前の通り、看板メニューの「桜橋焼賣」は、肉汁あふれるビールが進む味わい。ですが、生姜の風味がほどよく利いているため、胃がもたれることはありません。聞けば、牛肉やかに、貝柱もあんの中に入っていると。口の中で広がるコクのある旨みはそのためなんですね。

スパイスやハーブの香りが感じられる食べ物が大好きな私。ひと口かじれば甘みのある脂がジュワッと出てくる、豚ミンチみっちりのシュウマイは定期的に食べたくなる味。

お店でいただくときは、グリーン炒飯か胡麻そばを追加。大人数での宴会にもってつけのサラリーマンの聖地です。

テイクアウトもできます。桜橋焼賣（4個450円）の他、一品料理やグリーン炒飯600円も持ち帰ることができます。

とはいえ、シュウマイはやっぱり蒸したてをいただくのがいちばん！　どちらも「駅弁」にするのは、むずかしいか。

一芳亭 本店

大阪市浪速区難波中
2の6の22
☎06・6641・8381

焼賣太樓 桜橋店

大阪市北区梅田2の1の16
☎06・6341・7061

大阪はスパイスカレーの激戦区

辛いものが得意、というわけではないのですが、スパイスに打ち込んだ時期があり、自分でも調合を工夫してキーマカレーをよく作っていました。かつて行われた西区のフェスで「キンバキーマカレー」を販売した実績もあります（笑）。

大阪でカレーといえば「カシミール」（1992年創業）。ごっさん（店主の後藤明人さん）の作るカレーでは、ほうれんそうのカレーが好きでよく食べに行っていましたが、彼に薫陶を受けたカレーの作り手が2000年代に入って、大阪に続々登場することになります。

90年代当時は、スパイスの効いたカレーといえばインドカレーの流れを汲む味が主流。それが98年にオープンした「カルータラ」（大阪市西区）や99年にオープンした「ラッキーガーデン」（奈良県生駒市）など、スリランカ料理のカレーが登場し、一世を風靡するのです。

副菜などと混ぜて食べる、サラッとしたカレーはだしの旨みも効いていて、大阪人になじんだのでしょうか。鶏ガラだけでなく、鯛など魚のだしをベースに作るスパイスカレーや、花椒《ホアジャオ》など痺《しび》れる系の中華スパイスを駆使したカレーも登場し、今やいろんなテイストのカレーが食べられます。

音楽の好みが人それぞれのように、スパイスカレーの好みも千差万別かと。私が美味しいなと思うカレーは4方向があるようで。

大阪スパイスカレーを代表する人気店――ボタニカリー 梅田店

鶏ガラスープに玉ねぎなどの野菜の旨みを加えたチキンカレーとビーフカレー。また魚介系和風だしで作ったえびのカレーなど、ハーブやスパイスで奥ゆきのある爽やかな辛味を実現したカレーが味わえます。

ピクルスなど、彩り豊かな野菜の副菜も20種以上がワンプレートに盛り付けられ、2種類のカレーが同時に味わえる「合いがけ」がおすすめ。ボタニカリー×シュリンプカリー（エビ）1330円。野菜たっぷり、油が控えめの胃にもやさしいカレーは、ヘルシーな見た目もあってか、爆発的な人気となりました。11時に開店するも、ランチタイムには売り切れることも。ぜひ前のめりの来店を。

やさしいスパイスづかいに魅了される――SOMA《ソーマ》

初めて食べた時に、辛いだけじゃない、立体的なスパイスづかいに衝撃を受けた「SOMA」のカレー。スパイスによっては「やさしい」とも受け取れる味わいに夢中になりました。ご飯が玄米なのも良きですね。

カレーはチキンキーマにプラスして、トマトか野菜のカレー、お肉のカレーは豚ばらやラムキーマ、牛すじ肉など5種類から選べます。つまり3種の合いがけにできるというわけです。

2025年初夏に移転予定とのこと。元のお店と同じ北区中津エリアで新店を探してみてください。

頭を突き抜ける鮮烈なスパイス感を体験!?――Curry家《カレーや》 Ghar《ガル》

「ガル」では、頭を突き抜けるかと思うほどの鮮烈なスパイス感を体験できます。ランチタイムは行列必至。ベジラムキーマとチキン、ビーフが定番ですが、野菜が盛りだくさんのベジラムキーマは、人気があって売り切れ率が高い。

トマトの酸味とスパイスの爽やかな辛味、ラム肉の旨みにココナッツの風味がとてもバランスよくまとめられています。

「牡蠣と菜の花の花椒《ホアジャオ》キーマ」（2月）など、月替わりのメニューもそそられます。

カツカレーの新潮流を拓いた名店――渡邊咖喱

「とんかつ屋さんより、揚げるの上手なんじゃない？」

そんなふうに思わせる、店主の渡邊理さん。吟味されたお肉に、まとわせる衣は極薄。カリッとサックサクに揚げるのは、とんかつ、ビフカツ、ラムカツの3種類。これをターメリックライスの上にドーンとのせる。

カレーは、魚の鯛でとっただしにスパイスが溶け込みサラッとした辛口の味わい。ガツンとくる肉の旨みにしっかり寄り添います。

イカスミを使ったポークキーマやほうれんそうと羊のポパイキーマなど、独創性あふれるカレーもあり、1回訪れただけでは把握しきれないカレーワールドを展開しています。

甘くて辛い大阪のカレーのスパゲッティ――インデアンカレー 堂島店

大阪スパイスカレーがカレー好きの胃をつかんでいる一方、この「甘くて辛い不思議な味わい」とよく言われる、インデアンカレーも唯一無二の根強い人気。欧風カレーというか洋食系というか、そういった味わいですが、しばらく食べていないと、「行っとこか」となる間違いなくクセになる味です。

なかでも私は「インデアンスパゲッティ」が大好きで、これ一択。たまに卵を落としてもらいます。いわゆるナポリタンに使われるようなこの太めのスパゲッティが、カレーにからむ味わいがたまりません。中毒性が増す感じですね。添えられるキャベツのピクルスも、一緒に混ぜて食べるのが好きです。ぜひやってみてください。支店がいくつかあるインデアンカレーですが、スパゲッティがメニューにある店とない店があるのでご注意を。

お店の創業は１９４７年。それ以来、カレールーの甘さと辛さのベースはずっと変えていないといいます。

インデアンスパゲッティ930円。バックヤードで茹で上げたスパゲッティを炒めてからカレールーがかけられます。ピクルスと混ぜながら食べるのが好きです。

ボタニカリー梅田店

大阪市北区梅田
1の13の13
阪神百貨店
阪神梅田本店9F
☎06・6345・1201（代）

SOMA《ソーマ》

大阪市北区中津
☎掲載不可

curry家Ghar《ガル》

大阪市西区京町堀
1の9の10
☎06・6443・6295

渡邊咖喱

大阪市北区曾根崎新地
2の2の5
第3シンコービル3F
☎06・6346・3338

インデアンカレー
堂島店

大阪市北区曾根崎新地1
堂島地下街4号
☎06・6344・3941

お値打ち大阪洋食

大阪にも歴史の古い洋食店は数多くあります。私が好きなこの3店以外にも、子どもの頃、お父さんやお母さんに連れてってもらった思い出の店をお持ちの方はたくさんおられるのではないでしょうか。洋食店それぞれにこだわりのメニューがありますね。

百年の歴史、元祖オムライスの店——北極星　心斎橋本店

オムライス発祥の店とされる「北極星」の心斎橋本店は、昭和25年に建てられた数寄屋風の和風建築。靴を脱いで上がり、風情ある中庭を眺めつつ、畳のお座敷で洋食をいただくというユニークな体験ができます。

北極星の創業は1922年、前身となる「パンヤの食堂」という名の洋食店でした。オムレツと白いご飯を毎日注文される、胃の具合のよくない常連客がおられ、毎日同じでは申し訳ないと、ケチャップライスを薄焼き卵で包んだ料理を出したと

郵　便　は　が　き

料金受取人払郵便

小石川局承認

1158

差出有効期間
2026年6月27
日まで
切手をはらずに
お出しください

112-8731

東京都文京区音羽二丁目
十二番二十一号

講談社エディトリアル　行

ご住所	□□□-□□□□		
(フリガナ) お名前		男・女	歳
ご職業	1. 会社員　2. 会社役員　3. 公務員　4. 商工自営　5. 飲食業　6. 農林漁業　7. 教職員　8. 学生　9. 自由業　10. 主婦　11. その他（　　　）		

お買い上げの書店名　　市　区　町　　書店

このアンケートのお答えを、小社の広告などに使用させていただく場合がありますが、よろしいでしょうか？　いずれかに○をおつけください。

【　可　　不可　　匿名なら可　】

*ご記入いただいた個人情報は、上記の目的以外には使用いたしません。

TY 000015-2405

愛読者カード

今後の出版企画の参考にいたしたく、ご記入のうえご投函くださいますようお願いいたします。

本のタイトルをお書きください。

a 本書をどこでお知りになりましたか。

1. 新聞広告（朝、読、毎、日経、産経、他）　2. 書店で実物を見て
3. 雑誌（雑誌名　　　　　　　　　　　　）　4. 人にすすめられて
5. 書評（媒体名　　　　　　　　　　　　）　6. Web
7. その他（　　　　　　　　　　　　　　　　　　　　　　）

b 本書をご購入いただいた動機をお聞かせください。

c 本書についてのご意見・ご感想をお聞かせください。

d 今後の書籍の出版で、どのような企画をお望みでしょうか。興味のあるテーマや著者についてお聞かせください。

ご協力ありがとうございました。

ころ、「美味しい！」と大変喜ばれたそうです。これがオムライスの発祥で1925年のことでした。

なるほど！　だからか、北極星のオムライスはさらっとあっさり。卵2個を使い、丁寧に焼き上げられた薄焼き卵で包まれています。酸味を抑えたトマトソースも好みであっという間に食べてしまいます。いつも、食感が楽しいきのこオムライスにえびフライとみそ汁をプラスしていただきます。

濃厚オムライスに串カツをぜひ――明治軒

大阪の「ミナミ」と呼ばれるエリアは、大阪メトロ心斎橋駅からなんば駅周辺の繁華街。心斎橋にはウイリアム・メレル・ヴォーリズが設計した大丸百貨店があり、ハイカラな街として古くからにぎわっていました。

創業1925年の「明治軒」も、2025年で100周年を迎える老舗。創業以来、常連客に愛され続けるオムライス。こちらはとても濃厚な味わいです。

牛ひき肉と玉ねぎなどの具材をペースト状にし、特製ソースとともに混ぜてしっとりした感じに仕上げたライス。巻いた卵はところどころ厚みがあり、かかったソースとの酸味の具合も絶妙。ライスと卵とソースの一体感がいいですね。オムライスの横には必ず、牛串カツ3本。いつもこのセットメニューを注文してしまいます。

この串カツにかかったソースも美味しくて。なんか中毒性のある、クセになる味わいです。串カツをオーダーされるお客さんも多く、「串5本ね～」などと厨房に注文を通す明るい声が響きます。

看板メニュー「コロペット」って知ってますか？——西洋料理 ネスパ

京阪神エルマガジン社が堂島にあった頃、「ネスパ」は大阪メトロ西梅田駅のある桜橋交差点からちょっと入った所にあり、よくランチに通っていました（現在は大阪駅前第3ビル内）。

いつも注文していたのが「コロペット」で、えび、牛肉、豚肉、鶏肉の4種類ありました。ベシャメルソースのようななめらかなソースに具材のどれかを組み合わせ、コロッケのように衣をつけて揚げたものです。

えびと牛肉の盛り合わせが好きで、クリーミーな味わいの中にえびや牛肉の旨みがビシッと感じられ、それを揚げているという香ばしさもあって、「唯一無二やなぁ」と目をつむりながら味わっていました。えびはソースをまとう感じに、牛肉はソースをはさむ感じで作られていたかと思います。

ソースについて聞けば、牛乳ではなく、エバミルクと玉ねぎ、小麦粉を使っているとのこと。それであの、コクのある味わいが実現していたんですね。初代シェフが考案し、今も受け継がれている看板メニューをぜひ、味わってほしいです。

北極星 心斎橋本店

大阪市中央区西心斎橋
2の7の27
☎06・6211・7829

明治軒

大阪市中央区心斎橋筋
1の5の32
☎06・6271・6761

西洋料理 ネスパ

大阪市北区梅田1の1の3
大阪駅前第3ビルB2
☎06・6345・7089

店内に入れば、お庭も眺められる
数寄屋づくりの
「北極星心斎橋本店」。
道頓堀にもほど近い
アメリカ村の一角にあります。

市場の朝ごはん、なに食べよ？

東京の豊洲市場のように大規模ではないけれど、大阪市内にも卸売市場がいくつかあります。ここで紹介するのはJR大阪環状線の野田駅からほど近い「大阪市中央卸売市場」と、大阪メトロ大国町駅が最寄りの「大阪木津卸売市場」。「大阪木津卸売市場」では、一般の人向けに「セリ体験」や豪華食材が当たる抽選会などを企画した「朝市」を毎月第2土曜と最終土曜に開催。開催日ももちろん楽しめますが、ふだんでも朝5時からオープンする食堂が何軒かあり、深夜飲みのシメに利用する強者でいっぱい。

「大阪市中央卸売市場」は、一般客は利用しづらいけれど、「ゑんどう寿司」は朝6時から、気軽に新鮮な握りが楽しめると、昭和6年（1931）市場開設以来の人気です。

中央市場の「つかみ寿司」は明治40年、創業以来のスタイル ―――― ゑんどう

「ゑんどう」の握り寿司は、炊きたてのごはんを冷まさずにそのままふわっと握る「つかみ寿司」というオリジナルスタイル。口に入れるとほんのり温かくほろっと崩れる寿司は、ここならではの味わいです。ひと皿5貫をおまかせ、またはお好みで注文、同じネタでも大丈夫です。

いろいろ食べられるのが楽しくて、私はいつも「おまかせ」で。小ぶりのお寿司なので2皿は軽くいけます。調子に乗ったら5皿いっちゃうことも。お昼2時までの営業なので、ランチにもいいですね。やわらかく煮た穴子や酢締めのアジを海苔で巻いた棒寿司は、お持ち帰りにもおすすめ。

創業は、1907年。今の大阪市西区江戸堀、京町堀あたりに「雑喉場《ざこば》」と言われた商いをする場所にあった時からです。中央市場の開設に伴い、「ゑんどう」も移転、初代が考案した「つかみ寿司」は、今の4代目に受け継がれています。

木津市場で、芳ばしい鰻の香りにつられて…… ―――― 川上商店

カリッと焼けた香ばしい鰻を提供するのは「川上商店」。鰻の焼ける香りにつられて、思わずお店に足が向いてしまいます。明治に大阪の住吉で「伊賀治」として創業以来、鰻に串を打って炭火で焼く「地焼き」のスタイルにこだわる店。串で直火に当てるからこそ、身が下にたれてふっくらと、中までじんわり火が通るとか。

店内では小さなどんぶりや、特製のだしで仕上げたとろとろの卵でとじた「うな玉」のどんぶり、うざくやう巻きなどもいただけます。営業は朝6時から午後1時。持ち帰りもできます。

器から、こぼれんばかりの海鮮丼――海鮮丼専門店 木津魚市食堂

「木津魚市食堂」では、うに、いくら、とろ、まぐろ……どれを主役にするかで迷いに迷う海鮮丼。しかもこぼれんばかりにこれでもか！　と新鮮な刺身がてんこ盛り。私が好きなのは、数量限定の「本まぐろの中落ち丼」。お得なのは「海鮮切り落とし丼」かなぁ。さらにうにやいくらをトッピングできるので、本当にいつも迷います。

行列は必至ですが、並んででも食べる価値あり。丼にはすべてあら汁と漬物がつ

いています。営業は朝6時から品切れまで。

ホッとする定食で、ザ・朝ごはん――当志郎

「当志郎」は「肉巻き定食」が名物で、たっぷり飲んだ後のシメなら、断然これか肉吸いですね。甘辛く炊いた牛肉を卵で巻いてしっとり焼き上げ、さらにだしをかけてある。ふわふわの卵焼きをれんげで割るとじゅわ〜っとお肉の脂がだしに溶け込んでいい感じ。季節によっては豚汁や粕汁が選べたり、定食の魚も塩焼きや煮付けなど、好みでいろいろ選べます。小鉢などのおかずは、セルフサービスで冷蔵庫から取るスタイルの老舗食堂。営業は朝4時半から12時半。

中央市場 ゑんどう

大阪市福島区野田
1の1の86
☎06・6469・7108

川上商店

大阪市浪速区敷津東
2の2の8
大阪木津卸売市場
☎06・6634・5910

**海鮮丼専門店
木津魚市食堂**

大阪市浪速区敷津東
2の2の8
大阪木津卸売市場
☎06・6632・1017

当志郎

大阪市浪速区敷津東
2の2の8
大阪木津卸売市場
☎06・6649・6873

大阪木津卸売市場の鮮魚店。
一般客に開放される日は
そのまま食べられる
刺身や握り寿司なども店頭に。
市場のフリースペースで
いただけます。

木津市場。昆布を扱う店と
かつお節専門店が並んでいます。
このブレンドだしは
使い勝手良さそう。
大阪土産にぜひ
いかがでしょうか。

木津市場の五番通りの様子。
ふぐやかには専門店も。
かまぼこ専門店や
塩干ものを扱う店も。
お土産なら、瓶詰めや
一夜干しもいいですね。

さばやかんぱちの塩焼きや
煮付け、刺身など、
朝ごはんに定食がいろいろ
食べられる食堂「当志郎」。
人気の肉巻き定食は1400円。
だしたっぷりで美味しい。

在日韓国料理、オモニの味

美味しい韓国料理店は、鶴橋エリアだけでなく、大阪市内にも点在します。ご紹介する2店以外に、もう一つ、天満の「韓食酒来ホッホ」もおすすめですが、コース料理のみでちょっと高価なので、涙をのんで割愛。さまざまな野菜を味わえるたくさんの種類のナムルや、蒸し豚など、定番の料理がとても洗練されていて上品な味です。機会があればぜひどうぞ。

ほっとする味わい、お母さんのギョーザを目当てに ――――――――― **ミセス・ユン**

韓国料理だけど、全然辛くない。ほっとする優しい味わいに魅了されて訪れる人が後を絶たず、いつも満席。必ず注文する名物のギョーザは、帽子のようにまあるく包まれ、ひと口かじるとジュワッと旨みが広がります。この丸い形は縁起かつぎで、お金をモチーフにした包み方だとか。ピリ辛の「キムチぎょうざ」は〝焼き〟で、ニンニクとキムチを使わない「ヘルシーぎょうざ」は〝蒸し〟でいただくのが私の定番。さらに「スープ」「ねぎマヨ」「あんかけ」といった食べ方のバリエーションがあります。それに、チヂミやチャプチェ、じゃが芋炒め、キンパ、参鶏湯《サムゲタン》などをオーダー。いつも4人ぐらいでシェアしていただいています。

「お母さん」と親しみを込めて呼ばれる料理担当の尹《ユン》さん、実は意外にも辛いものが苦手なのだそう。「それで日本人の口に合う味になっているのかもしれません」と話します。

高価なイメージの参鶏湯も、ここではリーズナブルに食べられます。尹さんが作るのは薬膳っぽい香りが少なくシンプルな味わいで、鶏肉のコラーゲンや旨みがたっぷり。小さなお子さんにも安心してすすめられます。

オープンして20年あまり、すでに老舗の風格も出てきました。

日本の蔘鶏湯の聖地、鶴橋の名店オモニの味 ——— 韓国食堂入ル《イ》

鶴橋で40年あまり営業されていた「韓味一」の女将・朴三淳《パクサムスン》さんの蔘鶏湯を受け継ぐお店。高麗人参などの韓方食材をたっぷりと使って作られた滋味深いスープがたまりません。

この蔘鶏湯をシメに、料理はコースで、女将直伝のキムチやナムルもたっぷりと。ケジャンやポッサム、チャプチェにキンパと王道の韓国料理が存分に味わえます。

マッコリもいろいろと取りそろえられているのがお酒好きには魅力かな。お腹に余裕があれば、単品追加もできるので、コースにプラスしていく戦法が得策かと！

鶴橋からＪＲ環状線でぐるりと西側に向かった福島で注目されている一軒です。

ミセス・ユン

大阪市西区北堀江
2の6の15 winビル1F
☎06・6535・1078

韓国食堂入ル

大阪市福島区福島
3の8の10
☎06・4256・6910

「ミセス・ユン」の名物、
ギョーザは3種類を5種の食べ方で。
ヘルシーぎょうざは「蒸し」で
キムチぎょうざは「焼き」で。
どちらも430円。
たれは特製ヤンニョンジャン。

「ミセス・ユン」の女将さん。
オープンして20年、
ずっとお元気でいてください！
出身は『冬のソナタ』
撮影地の近く。
年に何度か里帰りするそうです。

「韓国食堂入ル」のオモニ
朴三淳の蔘鶏湯は1人前2200円。
高麗人参、なつめ、クコの実の
薬膳効果が溶け出たスープに
とろとろの鶏肉ともち米がからみ、
じんわり染み入る味わい。

安うま密集地❶

鶴《つる》橋《はし》

焼肉の香り漂う駅ホーム、コリアンタウンへ

ＪＲ大阪環状線の鶴橋駅は、大阪駅から外回りで7つ目。ホームに降りたら、焼肉の美味しそうな香りがぷんぷん漂っています。なんばから近い鶴橋は、近鉄電車では3つ目の駅です。

かつて済州島と大阪をつなぐ定期航路船があったために、済州島出身の在日韓国人が多く住む鶴橋周辺。焼肉店をはじめ、韓国料理やキムチなどの食材、ファッション雑貨や洋服のお店が集まり、リトルソウルといった感じ。

店先を眺めながらぶらぶらするだけでも楽しいですが、キムチを買うなら「**豊田商店**」や「**山亀商店**」がおすすめ。

また「**珈琲館ロックヴィラ**」では名物の「キムチサンド」をぜひ。意外すぎる一品ですが、実は絶品のサンドイッチです。トーストした食パンに細かく刻んだキムチ、卵、ハム、きゅうりが挟まれた唯一無二の味わい。ピリッと辛い

酸味とマヨネーズの組み合わせがとても美味しいです。

鶴橋から南東に10分ほど歩くと、御幸《みゆき》通商店街の通りに出ます。ここも韓国食材のお店が軒を連ねる通りですが、2021年に「大阪コリアタウン」に改称しました。キムチや蒸し豚、豚足などの伝統的な食材にくわえ、今はホットックなどの韓国スイーツや韓国チキンなどのスナックが味わえます。韓国コスメやK－POPのお店もあり、ソウルで流行している最新のアイテムが手に入るので、もうソウルに行かなくてもいいのでは？　と思うぐらい。

昔からキムチで有名な「**山田商店**」もこの通りにあります。定番の白菜のほか、「大阪しろな」という大阪産の地野菜を漬けた葉物のキムチや山芋のキムチも美味しいです。辛くない和え物のナムルもおすすめで、季節の野菜で作られているものがあったら、ぜひ試してほしいです。

また「**徳山商店**」は、韓国の伝統餅やスイーツ、ドリンク、調味料、食器なども豊富。「**リーマート**」は韓国ドラマで話題のお菓子やインスタントラーメンを扱い、スーパーのように買い物ができます。

鶴橋駅前の韓国商店街の東側には、鮮魚を扱う「鶴橋鮮魚市場」があります。そのため、鶴橋には高架下の「**立ち食い寿司　すし幸**」をはじめ、気軽な寿司店や鰻の専門店など、魚が美味しい店もたくさん。

鶴橋駅の北側にある「**やなぎ**」は、夏は「はも鍋」、冬は「てっちり」がいただける「値打ち」のある和食店。はもやふぐは、やはり地元の関西で食べるのがいいですね。はもは瀬戸内海の淡路島あたりでよく獲れるので、同じく地元産の玉ねぎと一緒に鍋にして食べる島の郷土料理です。京都のはも料理とはまた違った美味しさがあります。

韓国の食文化だけでなく、ポップカルチャーも感じられる鶴橋のコリアンタウン。韓国料理の聖地であり、連日多くの観光客が訪れます。

鶴橋を代表するキムチ店の
ひとつ、「豊田商店」。
JR鶴橋駅に隣接する
鶴橋商店街で
1966年に創業しました。
伝統の漬け込み製法で
手作りされています。

鶴橋の商店街のはずれにある
「山亀キムチ」は
ここを目指して買いにくる
常連さんがひっきりなし。
みぶなや切り干し大根など
めずらしいキムチも。

「珈琲館ロックヴィラ」の
名物の「キムチサンド」。
他にはない味わいをぜひ
食べてみてください。
ボリューム満点で大満足の味。
特製キムチサンド800円。

お茶する

コーヒーと甘いもん

大阪人は深煎りの濃いコーヒーを好むイメージ？　いやいやお店によって焙煎《ばいせん》にこだわりがあり、味わいはいろいろ。昭和の時代からずっと変わらず今も、地元の人に愛される「喫茶店」を紹介します。コーヒーのおともに、必ずいただく「甘いもん」もはずせません。

ネルドリップで丁寧に淹れるコーヒーを――アラビヤコーヒー

現在のマスター・髙坂明郎さんのお父上が1951年に創業された「アラビヤコーヒー」。当時は濃い味わいのコーヒーの全盛で、店の味を「薄い」と文句をいう客もあったといいます。が、お父上は「美味しい」と思う味を絶対に変えなかったそうです。店内にはそんなお父上が遺した木彫りのレリーフなど、ご家族の思い出の品があちこちに飾られています。

ネルドリップで丁寧に淹れるコーヒーの豆は、ブラジルやコロンビアなどの南米

創業時の雰囲気そのまま。
落ち着きのある店内。
2階にも客席がある。
大阪の人に愛され続ける
コーヒーの名店として
幅広い層の客が集う。

店は法善寺のすぐそば。
外国人観光客も多く
いつもにぎわっている。
サンドイッチや
ハニートーストなど
軽食を目当てに訪れる人も。

産を粗めに挽きます。焙煎はもちろんマスターが自ら行い「何杯飲んでも飽きないマイルドな味わい」に仕上げています。

コーヒーの味は創業当時から変わらないが、食べもののメニューはたくさん増えました。明郎さんや奥さまの久美子さんが何度も試作して作り上げたサンドイッチやスイーツには、ホームメイドの温かさがこもっています。

週末には1日に60個以上も注文が入るという自家製プリンは、奥さまが子どもの頃にお母さんが作ってくれた味わいを再現したもの。低温殺菌の牛乳に「旨赤卵」というこだわり卵を使い、バニラビーンズを効かせた甘さ控えめです。ちょっとかための口当たりも私の好みで、たっぷりとかかったカラメルソースでちょうどよい甘みが口いっぱいにひろがります。

歌舞伎役者の十代目坂東三津五郎さんは、ハムと卵の「アラビヤサンド」を目当てに、藤山直美さんもよく通われたと聞きます。ブレンドコーヒー610円、自家製プリン830円。

ドーナツとコーヒーの元祖はここ!?――平岡珈琲店

大阪で現存する最古の喫茶店として有名な「平岡珈琲店」の創業は1921年。今は3代目の小川流水さんが、創業以来の変わらぬ味わいを守っています。

ドーナツとコーヒーといえば、高校生の頃よく通ったミスタードーナツのオールドファッションやなと思っていた私、ここのドーナツを初めて食べたとき、シンプルな美味しさに衝撃を受けました。サクサク、しかもしっとり。コーヒーによく合う、ほどよい甘み。今も手作りで丁寧に揚げられています。

オリジナルブレンドのコーヒーは、豊かな味わいの「百年珈琲」と軽やかな口当たりの「香りブレンド」の2種類。

夏は、キンキンに凍らせたフルーツ缶で作るミックスジュースも人気です。百年珈琲550円、揚げドーナツ1個280円、ミックスジュース600円。

銅板で焼き上げるホットケーキ――丸福珈琲 千日前本店

大阪らしい喫茶店といえば、一番に名前が上がる「丸福珈琲店」。全国各地に支店がありますが、千日前にある本店で昔からの名物といえばホットケーキ。注文が入ってから1枚ずつ銅板で焼き上げる懐かしいおやつは、大阪を代表する料理研究家の小林カツ代さんも愛した味わいです。

バターとハチミツまたはメープルシロップをたっぷりかけていただくと、優しい甘みと香りにほっとします。ふんわりしっとりした生地に、甘じょっぱさがしみて、なんともいえない味わいです。

それと、本店ではコーヒーはブレンド一択なのが潔い。アメリカンやカフェオレもありますが、ほかの豆やブレンドの種類はありません。濃いめでコクのある味わいですが、後味はすっきりとしています。ホットコーヒー680円、ホットケーキ880円。

アラビヤコーヒー

大阪市中央区難波
1の6の7
☎06・6211・8048

平岡珈琲店

大阪市中央区瓦町
3の6の11
☎090・6244・3708

丸福珈琲店
千日前本店

大阪市中央区千日前
1の9の1
☎06・6211・3474

グアテマラ中心の豊かな味わい、
百年珈琲550円に
1日50個限定の
揚げドーナツ280円。
「平岡珈琲店」の
黄金の組み合わせです。

なにわの甘味処

古民家カフェで和のスイーツを――こちかぜ

ＪＲ玉造駅からほど近いエリアですが、こんなところに？　という住宅街の一角にある「こちかぜ」。お店のたたずまいもとてもよい。期待を裏切らない「美味しそう」な感じを外観から漂わせています。

丁寧に作られた季節の生の和菓子は、どれも素材を生かした風味のある味わい。ぜんざいやみつ豆も見逃せません。いつも盛り合わせで楽しませていただきます。

スイーツだけでなく、朝がゆセットやお昼の松花堂弁当も、もはやカフェという枠を超える味わい。そう、ご店主は大阪の名割烹「藤久」の奥さま。なるほど、そりゃ納得～の完成度の高さです。暑い時期はかき氷も大人気。その品数の多さに目を見張りますよ。

午後からは、軽食とお菓子と飲み物がセットになった和のアフタヌーンティー、「宝づくし」も（要予約）。もう、とにかくメニューが多いので、何度も通わないといけませんね。

席数がさほど多くないので、予約優先制です。生菓子200円〜、朝がゆセット850円、松花堂弁当1600円、宝づくし3500円。

たたずまいの美しい大福――餅匠しづく 新町店

「餅匠しづく」は、和菓子店らしからぬ、ミニマムなデザインのお店です。茶寮の営業は午前11時から夕方5時までと短いですが、できたてのくるみ餅などをその場でいただけるのは、とても贅沢ではないかなと思います。

色や形、季節の素材を使ったその見た目がとにかく、美しいお餅たち。どなたかに贈ってさしあげようという時に、真っ先に思い浮かぶのがこちらの大福の詰め合わせです。定番は黒豆餅、草餅、フランボワーズ大福、黒餅、栗大福など。「お菓子で百薬の長を目指す」と、使う素材にこだわられていて、鮮やかな色もすべて天然由来の素材。茶寮の飲み物も無農薬のハーブティーや29種類の素材をブレンドしたお茶などがいただけます。

あんこ好きにはたまらない「高麗餅」――菊壽堂義信《きくじゅどうよしのぶ》

手でふわりとにぎったような形が「いい姿」だな、と見るたびに思う「菊壽堂義信」の「高麗餅《こうらいもち》」。1830年、天保年間に創業した老舗です。

以前に京阪神エルマガジン社から出版した『あんこの本』で、著者の姜尚美《かんさんみ》さんが「さっぱりしてる」と表現していた飽きのこない味わい。お店でいただくときは、5種類がひと皿に盛られています。

つぶあん、こしあん、白あん、抹茶あん、ごまあん。むっちりとした求肥餅《ぎゅうひもち》をそれぞれのあんで包みます。彩りや食感のバランスが絶妙な5つの味を一度に堪能できるのは、あんこ好きにはたまりません。甘さ控えめの上品な味わいで5つともぺろり。

日本の食をテーマとした特殊切手「おいしいにっぽんシリーズ」第6集大阪の食の85円切手シートにもイラストで登場（2025年2月12日発売）。大阪で長く愛される伝統的な和菓子として広く知られているということですね。

「菊壽堂義信」の高麗餅はつぶあん、こしあん、白あん、抹茶あん、胡麻あんの5種セットで800円。店内でもいただけます。唯一無二の美しい形。

こちかぜ

大阪市天王寺区空清町
2の22
☎06・6766・6505

餅匠しづく新町店

大阪市西区新町
1の17の17
☎06・6536・0805

菊壽堂義信

大阪市中央区高麗橋
2の3の1
☎06・6231・3814

食感両極の、チーズケーキ

チーズケーキは好きですか？　大阪だけでなく関西人はチーズケーキが大好きな人が多いのかも。京都、大阪、神戸のどこにでもチーズケーキを看板にする名店があって、いろんな味わいのチーズケーキが食べられます。なかでも、究極の「ふわふわ」と「しっとり」を味わえるのが、この2店ではないでしょうか。

限定！「超・焼きたてチーズケーキ」――りくろーおじさんの店

行列も名物となっている「りくろーおじさんの店」の「焼きたてチーズケーキ」。さらにふわふわが堪能できる「超・焼きたてチーズケーキ」が食べられるのをご存じですか？

なんば本店のカフェ「陸カフェROOM」と茨木市にある彩都の森店の「陸カフェterrace」2店舗限定です。

まさにオーブンから出したばかりの温かくてふわふわのチーズケーキ。すーっと口の中で溶けていきます。焼印が押された外側はパリッと香ばしく、中の生地はふわふわ〜、このコントラストがより一層楽しめますよ。ワンホールでの注文となりますが、食べきれなかった分は持ち帰りできるので安心。両店ともホームページから席の予約ができるとのことです。

焼きたてチーズケーキの販売は1984年から。なんば本店のオープンは1989年で、一躍人気に。オープン以来ずっと変わらない味です。

しっとり濃厚、贅沢チーズケーキ――デリチュース

大阪府箕面市に本店を構える「デリチュース」のチーズケーキはしっとり濃厚。ちょっとずつ、舐めるように食べる、贅沢な味わいです。

この濃厚な味わいは、フランス産の白カビチーズ、ブリー・ド・モーを使って作るから。滑らかな舌触りや、とろけるような口溶けの良さ、上にかかった杏ジャムの甘酸っぱさが心地よいアクセントとなって、幸せな気持ちに。

この看板商品「デリチュース」の素材となるチーズ、ブリー・ド・モーは、熟成途中のものをフランスから仕入れるといいます。届いたチーズの状態を細かくチェ

ックし、自社の熟成庫で約4週間保管。独自の方法でじっくりと熟成させるというこだわりよう。その日の気温や生地の状態に合わせて、常に最上のチーズケーキとなるように仕上げるそうです。

ワインやウイスキーなど、お酒にも抜群に合うチーズケーキです。

りくろーおじさんの店
陸カフェ ROOM

大阪市中央区難波
3の2の28　2、3階
☎0120・57・2132
（本部お客様係・
9:00～17:00）

りくろーおじさんの店
陸カフェ terrace

茨木市彩都やまぶき
1の2の26
※予約はHPもしくは
本部お客様係から
https://rikuro.co.jp/

デリチュース
JR大阪店

大阪市北区梅田3の1の1
JR大阪駅構内
（JR大阪駅中央南口から
約30m）
☎06・6345・1322

安うま密集地❷

天《てん》満《ま》

街全体が〝安うま〟テーマパーク

JR大阪環状線、外回りで大阪駅からひとつめの天満駅。ぜひ降りてみてほしい。改札口からもう、雑多な感じでワクワクしますよ。

改札口を出て、そのまま線路の高架沿いに行けばすぐ「天神橋筋商店街」に出ます。北へ行けば天五（天神橋5丁目）、南へ行けば天四（天神橋4丁目）で、天満はちょうど真ん中あたり。商店街は地下鉄の駅がある天神橋6丁目までアーケードが続いています。

私はいつも、改札口からすぐ北へ向かう細い路地を天満市場「ぷららてんま」の方へ向かいます。この路地に「安うま」の名店がびっしり並んでいるから。中華の「**紫《し》微《び》星《せい》**」、立ち飲み寿司「**奥田**」、ちょっとおしゃれな「**天満鮨**」、「**裏ヒロヤ**」、「**寿司処かい原**」、「**焼とんyaたゆたゆ　天満**」、韓国料理「**玉一**」、「**ラブワイン**」に「**上海食《しょく》亭《てい》**」「**炭焼笑店　陽**」「**豚足ホルモン小林商店**」

……。新旧おり交ぜ、過去に『ミーツ・リージョナル』で紹介したお店がずらり。

天五までのわずかな間ですが、もちろんこちら以外にもお店はたくさんあります。にぎわう立ち飲みの店を見かけたら、ぜひ入ってみるべしです。

また、天満市場「ぷららてんま」は、飲食店の料理人たちが仕入れに出向く市場。周辺に「**スエヒロミート**」など精肉店もあり、揚げたてコロッケはおやつにぴったり。市場があるため、深夜から朝にかけて営業する飲食店もちらほらあります。

「ぷららてんま」の北側にも人気店がずらり。「**うなぎ　じん田**」やメキシコ料理「**墨国《ぼっこく》回転鶏料理QueRico《ケリコ》**」、洋食店「**ゴメンネJIRO**」、無国籍料理「**ウノムンド**」など。ぜひ、縦横無尽に歩いてみてください。

『ミーツ・リージョナル』4月号（2025年3月発売）の梅田特集では、JR天満駅の西側に、酒場天国が広がっているとリポート。こぢんまりした小バコの飲み屋が増えているといいます。「安うま」テーマパークはまだまだ、広がっていく気配ですね！

天満市場の北側、

「豚足ホルモン小林商店」。

土日は正午から開店で
もうこの熱気。

昼飲みの聖地です。

天満の路地にある
焼き小籠包が名物の
「台湾料理ダパイダン105」では
店先のテーブルで
食べることもでき、
本場の屋台気分が味わえます。

『ミーツ・リージョナル』は京阪神を中心にした街・人・暮らしを取材する月刊情報誌です。他誌にはない濃い〜切り口でリアルな街情報を発信。（京阪神エルマガジン社）

飲む

酒の肴にうなる、日本酒の名店

日本酒の新しい飲み方を教えてくれる——燗《かん》の美穂

「燗の美穂は、燗酒好きな美穂がやっているお店です……」とお品書きに。シャレの利いた店名どおり、店主の美穂さんをはじめ、切り盛りするスタッフは女性ばかり。オープンキッチンのカウンターから、極上の日本酒と酒の肴が繰り出されます。

燗酒は銘柄が定まっているお店が多いなか、こちらでは同じお酒を「熱燗で、ぬる燗で、常温で……」などと、新しい味わいを発見できる飲み方を提案。

いつもは冷酒ばかり飲んでいる私も、美穂さんのおすすめでいろんなスタイルで日本酒を味わいます。

そして、日本酒に合うように仕立てる料理は、お通しからしっかりと手の込んだものが登場。お刺身はあぶりや昆布締めなどでひと手間くわえ、勝間南瓜《こつまなんきん》や加賀れんこんなど、産地にこだわった季節の野菜で仕立てる一品や、納豆とパクチー白和えなど、意外な組み合わせに、目移りしまくりです。

酒の肴らしく、ひと皿の盛りは控えめ。いろんな味わいで日本酒を楽しめるとあって、常連さんには女性のおひとり客もたくさん。お店は大阪メトロ谷町六丁目駅からすぐです。日本酒の世界を広げたい方におすすめします。

日本酒にばちっと定まるザ・酒肴――山三《やまさん》

少し年上の酒場の先輩おねえさんと一緒に訪れた時のこと。私と同じお店を気に入ってくださっていたことがうれしく、楽しく日本酒をいただいたのですが、「このじゃこおろしが好きなのよ。こんなシンプルな家でも作るアテなのに、なぜかここのんが最高に美味しい」とおっしゃる。

え、ほんとに？　あらためて食べてみたら……「何が違うんやろう？　確かにめちゃくちゃ美味しいな」と感心したのをおぼえています。

ほかにも、ポテトサラダやいかの塩辛、おからなど、昔ながらの酒の肴の定番が本当に味わい深くて。たこや穴子の燻製も自家製で、丁寧に作られています。

もちろん日本酒は、訪れるたびに飲んだことのない銘柄がありまして。「これまだ飲んでないわ」と片っ端から注文していくことになります。

「山三」店主の山瀬真樹さんと
美津子さん。おしどり夫婦が醸す店の
なごやかな雰囲気も味のうち。
昨年、創業50年を迎え
お店の常連さんたちと
温泉宿でお祝いしたという。

具だくさんでしっとりした味わいの
「山三」のおから（400円）には
大阪・山野酒造の純米大吟醸「富楼那」を。
蔵元と一緒に米から作った
日本酒はとてもフルーティー。

燗の美穂

大阪市中央区安堂寺町
2の2の14
☎06・7222・2510

山三

大阪市中央区難波
4の2の9
☎06・6643・6623

サクッと立ち飲み

今、大阪市内にはおしゃれな立ち飲み店が急増中。女性がひとりでふらりと入れる店が増えています。料理も和食だけでなく、ちょっとエスニックテイストの一品料理など、気の利いたひと皿が食べれたり。

とはいえ、とことん安いベタな立ち飲み店も健在。ビールケースを逆さにしてテーブルにしたりするようなお店ですが、いつもお客さん満杯で活気がありにぎわっています。ワイワイする雰囲気の楽しさに杯の上げ下げが止まらなくなるという相乗効果も。

立ち飲みでもそんな、いろんなテイストのお店が混在。サクッと飲んで次々とハシゴする楽しさをぜひ味わって。

私がもしハシゴするなら、本町《ほんまち》界隈では、このスタメンラインアップかな。わざわざ目指すなら、あとの2軒です。

コスパ最高！　活気ある立ち飲み代表格――ヒロカワテーラー

本町界隈で人気絶頂の立ち飲み店「ヒロカワテーラー」。夕方17時ごろでほぼ満席な時も。そんな人気を買われて梅田の「バルチカ03」にも出店、店主の廣川賢さんはこちらに在店しています。アテは刺身からシュウマイやマカロニサラダなど、メニューも多く、500円前後。3品も注文すれば満腹に。ビールからの日本酒で、ほろ酔い気分に。

おしゃれなアテでワインをグビグビ――BOY

続いて目指すのは「BOY」。フジロックにも出店されていて、知らずに通ってましたわ、やっぱりね。

ここではグラスでワインをいただきますが、メニューがとてもしゃれている。「豚リエットとミントのポテサラ」とか、「香草レモンの蒸し鶏」「ラムサルシッチャのタルティーヌ」など。ワインがすすむアテを選びます。

シメは王道の立ち飲み店で――大衆酒場ひらやま

大阪のビジネス街のド真ん中にある「大衆酒場ひらやま」は、16時すぎには満席のことも多い、サラリーマンの聖地。ならば、遅がけが狙い目かも。

串に刺したどじょうの蒲焼きが名物ですが、ピーマン肉みそやえいひれの炙りなど、酒飲みの王道メニューがそろいます。酢味噌でいただくクジラベーコンは、大阪らしいアテ。そろそろデュワーズのハイボールでシメるかなあ。

日本酒がそろう、酒屋の角打ち――稲田酒店

お昼の14時から立ち飲みがかなう、「稲田酒店」の角打ち。地酒、焼酎を専門に扱う酒店として、1930年、天五中崎通商店街に創業した老舗です。

豊富な品揃えの日本酒が安く飲めるとあって、外国人観光客も多く訪れます。アテはめざしや味醂《みりん》干し、板わさ、おでんなどのシンプルなもの。昭和な感じあふれる雰囲気がまた良きです。

路地裏ビルの2階、裏なんばの人気店——アンケラソ

「アンケラソ」は、開店直後に満席になることも多いゆえ、遅がけを目指しましょう。

いろんな種類のホルモンの鉄板焼きや豚足炙りが、プリプリで超絶美味しい。キムチやもやしナムルもアテにぴったりです。ここではナチュラルワインをグラスで。シメの焼きそばは人気メニューゆえ、ぜひそこまでたどりつきたい。

ヒロカワテーラー

大阪市中央区平野町
4の5の10
電話なし

BOY《ボーイ》

大阪市西区江戸堀
1の19の2
☎090・3734・3790

大衆酒場ひらやま

大阪市中央区伏見町
2の3の4
伏見町ホンダビル1F
☎06・6232・0070

稲田酒店

大阪市北区浪花町6の4
☎06・6371・0636

アンケラソ

大阪市中央区千日前
2の3の24
久富千日プラザ2F
電話なし

本町界隈のサラリーマンで
にぎわう「大衆酒場ひらやま」。
毎日訪れる常連さんも多く
「もうすぐ○○さん来はるで」と
店内に立つ位置は譲り合いだ。
もちろんひとりでも居心地良し。

アジのなめろうに日本酒は
埼玉・麻原酒造の琵琶のさざ浪。
ワインや日本酒の銘柄は
決めうちだけど、飲みやすくて
アテにばっちり合うのがすごいなと
感心。「大衆酒場ひらやま」。

大阪で一番、オモロイ店!? まぐろ好きはぜひ——居酒屋とよ

「大阪のおもしろい店に連れてって」と言われたら、真っ先に案内するのがここ「居酒屋とよ」。大阪市内でも大衆的な飲み屋が多い京橋エリアで、道端にいきなり現れる屋台で立ち飲みスタイルのお店。が、「まぐろが美味しい」と評判で、多くの人でにぎわっています。

絶対に注文すべきメニューは「おまかせ3点セット」。貝とかにの酢の物、まぐろ、うに、いくらのお決まりメニューで、まぐろは赤身、とろ、大とろがチョイスできます。まぐろ、うに、いくらはひと皿にドカンと盛られ、もうこのビジュアルで客人は強烈な大阪パンチをくらわされることに。

そして、赤身鉄火、とろ鉄火の巻き寿司もオーダー必至。仕入れによってはふぐや鰻、さばのスモークなど、魚好きにはたまらんラインアップがホワイトボードのおすすめに書かれています。仕入れにより価格は変わりますが、今回撮影させていただいた巻頭カラーページのトロイクラは２４００円、赤身は６００円（税別）。

大将をはじめ、スタッフの威勢の良さも味のうち。店は普通に車も通る道路の脇にあるので、「後ろ、車通るで！　気ぃつけてな！」と常にお客さんの状況を把握

してくれています。

営業は火・水・金・土曜のみ。開店前から行列することも多いので、余裕を持って突撃してほしい。

開店の13時（土曜は12時）前には長蛇の列ができる超人気店。テーブルを囲んで老いも若きも大阪人も観光客も楽しく飲んで食べて笑顔になる立ち飲みの名店です。

居酒屋とよ

大阪市都島区東野田町
3の2の26
☎06・6882・5768

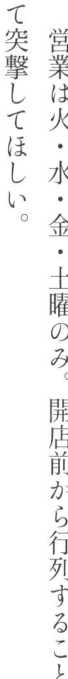

バーナーで一気に炙り、
極上の味になるまぐろ炙り焼き。
ご主人が炙り出した途端、
客が一斉にスマホを構え写真を撮る。
素手でまぐろをどんどん転がす
圧巻のショーは必見。

かんとだき（関東煮）

「かんとだき」とは、関西地方でのおでんの呼び方でしたが、今はもうあまり使いませんね。関西では昔、田楽のことを「おでん」と呼んでいたため、現在でいう「おでん」との使い分けがありました。関東の醤油ベースの甘辛いだしで煮込むスタイルが、関西に伝わって「関東煮（かんとだき）」と名づけられましたが、関西のおでんの味付けは、今も淡口醤油を使い、昆布や鰹節のだし主体の味です。ただ、はんぺんなどは使いませんし、具材には大阪独特のものがあります。

大阪で「おでん」といえばの名店――花くじら 本店

開店前からの行列で有名な「花くじら」はおでんの専門店。大阪ならではのメニュー、鯨のコロ（脂身）やサエズリ（舌）があり、おでんのネタは30種類以上も。店名も鯨のおでん屋として始めたのが由来といいます。

昆布と鰹節でとっただしは、シンプルでやさしい味わい。どのネタもだしがしっかりしみこんでいて、心から癒されますよ。とろろがかかった、だしにくぐらせた春菊や、薄揚げの中にネギを入れたねぎ袋、白身魚のしんじょう、UFO（魚のすり身と豆腐の練り物）などがおすすめ。サエズリの刺身などの一品もあります。

1階はカウンター12席のみ、2階は要予約でグループでの宴会もできます。屋台風情のある外観もいい感じ。

コロにサエズリ……大阪ならではの味を――すえひろ

グランフロント大阪の東側、古いビルの奥にたたずむ昭和なお店です。コの字型カウンターに備えられたおでん鍋は、あの四角い大きなやつ。湯気が上がっていていいですね。そして、カウンターには大鉢に煮炊きもののおばんざいが5種ほど。

まずはお刺身で日本酒かな。日本酒は常時8種ほどがスタンバイ。女将さんが選ぶナチュラルワインもグラスで飲めるし、醸造酒好きとしてはアテの配分がむずかしい。ぬたあえや肝煮など、小鉢をいただいたら、おでんです。

鯨のコロ（脂身）やサエズリ（舌）、牛すじ……なんていうねたは、大阪ならでは。もちっとした食感にだしの旨みがじっくりしみて、濃厚な味わいですよ。梅焼きという卵が入ったふわふわの練り物も、ぜひ食べてみてほしいです。
創業は１９７５年。今は2代目のご夫妻が切り盛り。２０２５年3月で50周年を迎えました。『ミーツ・リージョナル』梅田特集（２０２５年4月号）でもご掲載のご協力をいただきました。ありがとうございました！

福島天満宮のお膝もとに
おでんの名店「花くじら」。
夕方4時の開店前、
すでに行列が。
ここからが福島本通。
古くからのお店も多い。

花くじら 本店

大阪市福島区福島
2の8の2
06・6453・7486

すえひろ

大阪市北区芝田2の2の8
☎06・6373・1714

深夜でも営業しています

夜の10時過ぎてるけど「ちゃんとした美味しいもん食べたい！」。残業で遅くなったとか、映画見てたとか、ライブ行ってたとか……めったにないけど、そんな日もありますよね。一食たりともムダにしたくない私。ラストオーダーを気にして食べるのもせわしないし、夜中の12時に絶賛営業中のお店って意外と少ない。コロナ禍以降はとくに減っちゃいましたね。

狙い目は、北新地エリア。カレーうどんやおでんも美味しい手打ちうどんの「香川」、中華だったら「幸菜福耳《こうさいふくみみ》」。西天満ですがビストロ「コネクション」もおすすめ。なかでも、夜9時から開店する「深夜食堂しまながし」が超人気です。

北新地の「短冊メニュー」の店――しまながし

なんちゅう店名……と思っていたら、なるほど！　高級料理店の余った食材が〝しまながし〟されてくるそうで……。食品ロスをなくす、すばらしい取り組みですね。とはいえ、最近、しまながし食材は少なく、独自仕入れをおこなっていると店長の川名章太さん。「丁寧に調理された食材を深夜帯に気軽に食べられる」がコンセプト。

おっしゃる通り「まぐろ卵黄しょうゆ造り」に使うまぐろの赤身や「ビフカツ」の牛肉のすばらしいこと。吟味された食材が最高の状態で出される「短冊食堂」です。たこさんウインナーやからあげ、焼きそばといった、みんな大好きメニューもあり、本当に「わかってらっしゃる」という感じ。

21時からのみ予約を受け付けており、その後はカウンター6席、テーブル4席の争奪戦。朝6時までの営業です。

「夜中に営業しているので、客層はほんとにバラバラでおもしろい」と川名さん。ユニークな店業態の手応えを楽しんでいるようです。

シメはやっぱり、うどんかな――手打ちうどん こまいち

天五中崎通商店街で、夕方6時から朝4時までの営業。やわらかいうどんとやさしいだしが、心と胃に染みますよ。セルフで冷蔵庫から取る小鉢おかずもいろいろ

で、飲み直しもできるし、がっつり食べたい人には丼もある「大阪の良心」と言いたくなるお店。

あさりうどんやカレーうどんは、酔い覚ましにはうってつけ。だけど、やっぱりビールを頼んでしまって、卵焼きとかナスの煮浸しとかで飲んじゃいますね。

名物お母さんがあたたかく迎えてくれる、家庭的な雰囲気が最高にいい。こんな食堂、永遠に続いてほしい。

堂島アバンザの南側、
北新地のビルの4階に
ともる赤ちょうちんが目印。
もとは日本料理店「纐纈《こうけつ》」が
あった場所です。
席が空いていればラッキー。

深夜食堂しまながし

大阪市北区堂島
1丁目5の35
堂島レジャービル 4F
☎090・1140・8009

手打ちうどん
こまいち

大阪市北区浪花町6の2
☎06・6359・5339

カウンターに立っているのは
「しまながし」スタッフの松岡さん。
バックには短冊メニューがぎっしりで
目移りしてしまう。
お酒セレクトもいかしてます。

「しまながし」のおすすめ。
一目で上物とわかるマグロの
卵黄しょうゆ造り1200円、
海老紹興酒漬け600円など。
日本酒は和歌山の紀土《きっど》で。
焼酎、ワイン、シャンパンもあり。

うまい安い密集地 ❸

福島

「行けばなんとか！」すべてのジャンルのお店がそろう

ミーツ編集部のある京阪神エルマガジン社は、2004年に肥後橋に移転。当時は靱《うつぼ》公園周辺にまだまだ店が少なく、夜遅めに行ける店は皆無だったので、北西へと足をのばして、福島でよく飲み食いしていました。

JR福島駅は大阪環状線の内回りで大阪駅からひとつ目。今は東西線の新福島駅もあり、アクセスが便利です。

とにかく「行けば、なんかある」という懐の深い町。居酒屋、和食、寿司に焼肉、中華、イタリアン、フレンチ、エスニック、韓国料理からバーまで……全ジャンルの名店がそろっています。好き嫌いの多い人と一緒でも、行くべきお店が見つかるのではないでしょうか。

福島の名店はとにかく料理のクオリティが高いと感じます。「**ぽんしゅや三《さん》徳六味《とくろくみ》**」は立ち飲み店ですが、一品一品が美味しいと絶賛の人気店です。昔ながらのおでんの名店「**花くじら**」にも変わらずいつも行列が。

ほかにもイタリアンなら「**タケウチ**」かなあ、スペインバルは「**バンダ**」、ビストロなら「**パーラー184**《イワシ》」「**ミート デリ ニクラウス**」、タイ料理なら「**スウィートバジル**」、蕎麦飲みなら「**蓮生**《はすお》」……。

ほんまに「値打ち」ある店に出合える街

2010年代は、それこそ「安うま」の名店が軒を連ねていましたが、エリア自体の人気が高まって、今では「値打ちのある」店が集まるエリアに格上げされた感があります。和食でも中華でも洋食でも、丁寧に仕込んだ美味しい料理を提供するお店が増えたなあ。移転してさらに進化しているお店や、2号店や新業態を出店する勢いのあるところもあり、わざわざ足を運ぶ価値がありますよ。

また、福島区でも野田駅前（阪神本線野田駅、大阪メトロ野田阪神駅、JR東西線海老江駅）で、野田阪神前交差点の南側、「野田新橋筋商店街」のあるあたりに、気軽なお店や、ユニークな業態のお店が広がっています。

商店街の中にも、炭火で焼く鰻店「**川繁**《かわしげ》」や唐揚げなどの総菜を売る「**地鶏の鳥清**《とりせい》」など、昔から営業されているお店が点在。

商店街を横切る路地に「地獄谷」と呼ばれる通りがあったりと、ディープな雰囲気を残すところもあり、街歩きが楽しいエリアです。

古民家を改装したカフェなどがちょこちょこある、福島本通から北へ向かう路地。お散歩するのも楽しいエリアですよ。

買う

ちょっと贅沢な大阪名物

東京の江戸前寿司に対して、大阪の寿司は、押し寿司やバッテラなどの箱寿司をいいます。箱寿司というのは、押し寿司の型で正方形や長方形の形に押し抜いて作ったお寿司。出来上がったら切り分けて提供するわけですが、どちらかといえば作りおき。お土産にしたり配達したりすることも。

江戸前のにぎり寿司はできたてを食べますが、大阪商人がいつ食べられるかわからん商売の合間にささっと美味しく食べられるようにと、考えられたのが箱寿司。作りおいても具材とすし飯がなじんで美味しく食べられるように、具材の味つけにもひと工夫がなされています。

バッテラは、さば寿司のことですが、大きなさばの半身を酢飯の上にのせる京都のさば寿司とはずいぶん見た目が違います。

バッテラというのはポルトガル語の「バッテーラ（小舟）」が由来といわれ、もともとは舟形の木枠で押し抜いて作っていたのが、今は長方形が主流です。すし飯の上に薄く切ったしめさばと白板《しらいた》昆布を重ねて作ります。

「二寸六分の懐石」と呼ばれる箱寿司——吉野寿司

大阪市内の船場《せんば》といわれたところ、淡路町に本店をかまえる「吉野寿司」。創業は1841年（天保12年）で、旅籠屋《はたごや》をしていた初代が一念発起、寿司店を始めたといいます。

吉野寿司の箱寿司は、焼穴子や小鯛、えび、厚焼き卵などをすし飯の上にのせ、椎茸や焼海苔を入れて木の枠で押して作ります。見た目の美しさから「二寸六分の懐石」と呼ばれていました。二寸六分とは、押し寿司を作る木枠の内側の寸法で、約8.8cm角の押し型の中に懐石料理の技が凝縮されています。

材料はすべて一日がかりで仕込む、手の込んだもの。ひと口ごと、かみしめるほどにご飯とネタの旨みが深まり、滋味あふれる味わいが口の中に広がります。

気軽に買えるいなり寿司や茶巾寿司も人気です。

箱寿司1人前10切3240円、穴子いなり茶巾1350円。

名物のほかにも、食べてほしい寿司がいろいろ——すし萬《まん》

もともと大阪の魚の棚（現高麗橋《こうらいばし》）で魚屋を開業したのが1653年（承応2年）、1781年（天明元年）に雀鮨《すずめずし》専門店となったのが「すし萬」のルーツです。

雀鮨とは、魚の腹にすし飯を入れて作ったお寿司で、その姿が雀に似ていたことからこの名になりました。魚の保存を目的とした料理で、古くから大阪の名産だったといいます。京都御所に献上する機会もあり「小鯛雀鮨」は有名に。

小鯛は瀬戸内海近海の天然物だけを使い、北海道産の真昆布と京都の醸造酢で締めて味わい豊かに仕上げます。独自の配合の米で炊き上げたシャリに小鯛の風味がしっとりとなじみ、淡白ながらきめ細やかで上品な甘みが極上のおしすしに。今も昔ながらの調理法で受け継がれています。

本店は大阪市西区靭本町にありますが、阪急うめだ本店など百貨店で気軽に買えます。小鯛雀鮨のほか、活車海老と鯛の木ノ芽のおしすし「よこほり」や鯖《さば》のおしすし「柳すし」も人気。見た目も美しく、目上の方への手土産に。

木の芽をはさんだ、美しいバッテラ――あばらや

難波の千日前《せんにちまえ》で創業70年、路地にのれんをかかげる昭和風情な和食の名店「あばらや」。ここで出されるバッテラは見た目も美しく、しっとりとしたさばの旨みが抜群に美味しいです。

ここのバッテラは、新鮮なさばを酢を使わず塩だけで締めて作るため、フレッシュ感のある味わいに仕上がっています。ゆえにお店では「さば寿司」というメニュー名。もちろん、名物のこれを目当てに訪れたいですが、お造り盛り合わせや鯛のあら煮、ハモチリなど、一品料理も目移りするほど豊富。にぎり寿司もあります。さば寿司は持ち帰りもできますが、店内でゆっくり心地よい昭和な空気も楽しんでほしいです。さば寿司1本（20貫）2500円、さば寿司ハーフ（10貫）1300円。

吉野寿司の箱寿司2592円。
丁寧に仕込まれた
鯛や海老、穴子に卵…
ほっとする味わい。
大阪らしい伝統の味の
余韻にひたってください。

**吉野寿司
エキマルシェ
新大阪店**

大阪市淀川区西中島
5の16の1
新大阪エキマルシェ
☎06・6305・1777

すし萬 靭本町 本店

大阪市西区靭本町
2の3の7
☎06・6448・0734

あばらや

大阪市中央区難波千日前
2の14
☎06・6631・0223

並んでも食べたい行列コロッケ

しっとり甘みのある小さめコロッケ――中村屋

大阪メトロの南森町駅からすぐ、天神橋筋商店街にある揚げ物の店。FM802のスタジオの近くにあるので、収録などで出かけた時には、必ず立ち寄っていました。それゆえ、ここのコロッケが好きなミュージシャンの方も多いのではないかなと思います。揚げたてのコロッケはサックサクで中はとろり。冷めるとしっとりしますが、それもまた美味しい。ランチタイムだったら、サンドイッチを買って、このコロッケを追加ではさんで食べたりします。

コロッケと豚まんを見つけると、素通りはできない私。すぐに食べるための1個と、状況によりますが、持ち帰りで5個は買うかな。家で揚げたい時は生のコロッケを買って冷凍しておくことも多いです。コロッケ100円、ミンチカツ160円。

営業は1日4時間、買える時間が希少――のんき亭

大阪メトロの大国町《だいこくちょう》駅からすぐ、大国町交差点の北西にある揚げ物総菜のお店。11時から13時、16時から18時と1日4時間だけの営業で行列は必至。でも手際がよいので、わりとすぐに買えますよ。衣は厚めでザクザク、ボリュームがあって、玉ねぎの甘みとじゃが芋がホクホク。ビールと一緒に食べたいコロッケです。ほかに、ミンチカツ、豚ヘレカツに豚ロースカツや牛カツも。持ち帰ってカレーライスのトッピングにするという人が多いのも納得。ご飯と一緒にしっかり食べたい味わいです。コロッケ90円、ミンチカツ１５０円。

中村屋

大阪市北区天神橋
2の3の21
☎06・6351・2949

のんき亭

大阪市浪速《なにわ》区敷津《しきつ》西
2の2の9
☎06・6649・5456

おばあちゃんへのお土産は……

今ではおうちで小豆を煮る家も少なくなってしまったかもしれませんが、子どもの頃、おばあちゃんがおはぎを作ってくれた思い出のある方もいるのではないでしょうか。そんな素朴な小豆あんの風味を純粋に感じられるのは「きんつば」なのかな。あんと最中の皮を作りたてで販売する「廣井堂」の最中も絶品ですが、秋の栗蒸し羊羹もまた格別です。

小豆の甘味を包む衣の風味が絶妙――出入り橋きんつば屋

焼き立ての温かいきんつばが1個から気軽に買えるとあって、京阪神エルマガジン社が堂島にあった頃は、小腹が空いた時やランチの帰りなどによく立ち寄っていました。まあ、1個だけ買うなんて人はめずらしく、大体の人はお土産に、10個、20個とまとめ買い。創業は1930年、もう90年以上も続く老舗です。
甘さ控えめに炊かれた小豆に、小麦粉の衣をつけて鉄板で焼いていくのですが、この焼かれたはじっこがカリッと香ばしくちょっと焦げているのがいい感じ。小豆の甘みに絶妙なアクセントです。

手土産には箱入りかなあ。気軽なお土産ですぐに食べるなら紙に、4個以上なら経木に包んでもくれます。北浜に支店があります。きんつば1個110円。

栗のほくっとした食感、おいしい秋の味——廣井堂

大ぶりの栗がゴロゴロ入った、栗むし羊羹が名物。繊細な味わいの栗と北海道産の小豆こし餡生地を丁寧に蒸しあげた一品で、むっちりとした味わいのなかに栗の風味とほくっとした食感がたまらなく美味しい秋だけの味です。

選りすぐった国産の栗は、ひとつひとつ皮をむいて、炊きあげ、蜜に漬けてこしらえるという手間のかかりよう。栗の実のなる時期も年によって違うため、販売期間は公式サイトでお知らせされます。だいたい9月中旬から12月中旬まで。栗むし羊羹は半本サイズ箱なし包装2750円、箱入り装3000円（2024年価格、要予約）。節句の和菓子、季節限定（1～4月）のいちご大福なども人気です。

「出入橋きんつば屋」のきんつば1個100円。その場でいただくことも。焼きたてのカリッとした風味と上品な甘みのあんこがたまりません。

出入橋きんつば屋

大阪市北区堂島
3の4の10
☎06・6451・3819

御菓子司 廣井堂

大阪市西区新町1の17の8
☎06・6531・1610

暑い夏、テイクアウトで楽しんで

大阪の夏の定番、551のアイスキャンデー――――551蓬莱《ほうらい》本店

豚まんで有名な「５５１蓬莱」。夏はアイスキャンデーも大阪人の定番です。フレーバーは6種類、ミルク味、アズキ、チョコ、パイン、抹茶、フルーツ。私はちょっと酸味のあるパインが好きかな。「湿気の多い大阪の暑さを少しでもしのいでほしい」と発売されたのは１９５４年。その時から製法も味も変わっていないといいます。

末期がんで入院していたお母さんが真夏に「フルーツのアイスキャンデーを食べたい」となり、買いに走った娘さんたち。遠方まで持って帰るのに、ドライアイスをたくさん入れてくれ、溶けないためのアドバイスもくれたというなんば本店の店員さんの優しさがＳＮＳで話題になりました。

その際に驚いたのが「関西以外の人は、５５１のアイスキャンデーを知らない人が多い」という事実。というわけで、ここでおすすめいたします。

アイスキャンデーは1本１６０円。

みんな笑顔になる職場の差し入れアイスもなか――ゼー六

大阪のビジネス街の真ん中に、のれんがかかったレトロな外観にほっとする喫茶店。1913年創業の老舗です。

昭和初期から薄皮モナカの中にたっぷりとアイスクリームが入った「アイスもなか」を発売し、人気に。店内でもいただけますが、テイクアウトすると新聞紙にがっつりと包んでくれて、1時間くらいなら不思議とこれで溶けない。こんなサービスも懐かしい感じでいいですね。

アイスモナカはすぐに食べるとパリパリの食感が味わえますが、ちょっと時間がたつと、アイスにモナカの皮がしっとりとなじみ、これはこれでまた味わい深いもの。「ゼー六のアイスモナカ、買ってきたよー」と、新聞紙を広げるとみんなが笑顔になるので、夏のサプライズには欠かせません。

ちなみに店名の由来は「贅六」から。「商人には無用の贅物六つあり。いわく禄《ろく》、閥《ばつ》、引《ひき》、学、太刀《たち》、身分。これなり」という、幕末の大阪で言われた実力主義を表す言葉だといいます。

アイスモナカ1個130円。
パリッと香ばしい皮に
あっさりアイスが
なじんで素朴な味わい。
「ゼー六」の文字が入った
見た目も可愛い。

551のアイスキャンデーは
1本130円。
全部で6種類あります。
さっぱりしたパインが好き。
真夏は冷凍庫に
常備しておきたいですね。

551蓬莱 本店

大阪市中央区難波
3の6の3
☎06・6641・0551

ゼー六 本町店

大阪市中央区本町
1の3の22
☎06・6261・2606

帰りの新幹線で食べたいお弁当

大阪帰りの余韻を新幹線時間で味わうために、ビールやお茶、コーヒーのお供選びも慎重に選んでくださいませ。私は「まあこれでいっか〜」的な感じで食べるものを選びたくないので、けっこう調査しますよ。新大阪駅や大阪駅近くの百貨店で買える、大阪の最後をシメるお弁当、こんなのはいかがでしょうか？

炊飯器メーカーの「和食弁当」——象印銀白弁当《ぞうじるしぎんぱく》

大阪に本社がある象印マホービンの高級炊飯ジャー「炎舞《えんぶ》炊き」で炊き上げる「ごはんが主役のお弁当」。とにかく、ごはんが美味しいし、ごはんを選べるのがおもしろい。定番の「銀白ごはん」に月替わりの炊き方「もちもち」「しゃっきり」、また「もち麦」や「玄米」など、3種類から選べます。炊きたてのあったかごはんも選べます。お弁当の種類はおよそ10種類で、私はいつも「和食弁当」。唐揚げなどお肉のおかずに焼き魚、だし巻き玉子が入ったバランスのよいお弁当です。ＪＲ

新大阪駅エキマルシェ新大阪ソトエ（改札外）にて購入できます。和食弁当1380円、但馬牛弁当～ごはんのお供添え～2080円、小銀弁当750円。

もっちりおこわ「とん蝶」で腹ごしらえ――御菓子司絹笠《きぬがさ》

三角形のおにぎりのような形に仕上げた、もっちりおこわ。お豆に小さく刻んだふりかけ昆布、黒ゴマにしそ漬けカリカリ小梅が2粒入っている素朴な味わいの「とん蝶」は400円。阪神百貨店限定の七味とん蝶421円や、とうもろこしとん蝶400円が人気です。「とん蝶」の名前は「とんぼ」と「蝶々」からとったといい、懐かしい味を楽しんでほしいとの願いが込められています。JR新大阪駅構内の「エキマルシェ」や「キヨスク」、JR大阪駅構内の「アントレマルシェ」、百貨店の地下食品売場で販売されています。

大阪の中華の名店の味を持ち帰る「海南鶏飯」――空心《くうしん》伽藍堂《がらんどう》

大阪の北新地にある中国料理の名店「空心伽藍堂」のお弁当が2024年から販

売され人気です。新幹線の改札内「PLUSTA Bento 新大阪幹線南改札内」で買えます。「海南鶏飯」と「麻婆弁当」の2種類。エビマヨやシュウマイなどおかずをいろいろ食べたいなら「麻婆弁当」かな。レモングラス風味のジャスミンライスに鶏もも肉と叉焼《チャーシュー》のお肉をがっつり味わいたいなら「海南鶏飯」をぜひ。海南鶏飯1500円、麻婆弁当1500円。

だしの味がおいしさを生む「和《なごみ》弁当」――道頓堀 今井

きつねうどんで有名な「道頓堀 今井」ですが、百貨店の地下食品売場で販売されているお弁当もとても美味しいんです。大阪駅の近くなら大丸梅田店で調達を。自慢のだしで炊いた煮物や卵焼き、野菜の和え物などが彩りよく詰められ、ごはんは季節のごはんやちりめん山椒ごはん、白ごはんから選べます。「和」弁当1404円～。

おわりに

月刊誌『ミーツ・リージョナル』や『サヴィ』、年1回発行するムック本で『淡路島の本』や『すしくいねェ！』などを編集担当し、たくさんのいろんなお店の記事を書いてきましたが、1冊まるごと著書を担当させていただくのは初めてのこと。

恐れ多くもお声がけいただき、実現させることができました。

関西テレビの「よ〜いドン！」という情報番組でおすすめの飲食店を紹介する「オススメ3」というコーナーに長らく出演させていただいたこともあり、友人におすすめの店について熱く話している時、まさに「リアル・よ〜いドン！やな」とよく笑われていました。この『大阪安うま聖地巡礼』は、まさにそこでしゃべっていたような感じをそのまま書きました。

雑誌編集の先輩方に「レストランの原稿書くよりも、お好み焼き屋とかラーメン屋の原稿書く方がむずかしいで」とよく言われていました。今回は、そのむずかしい方のお店ばかりを掲載しています。

〝安うま聖地〟のお店は、みんながよく知っている味、なじみのある味だから、人それぞれの思いがたくさんあります。「私はこういうところが美味しいと思う」と、いろんな意見があるでしょう。私の思いはその一つと思ってくだされば幸いです。

私が好きでよく通っているお店を紹介していますので、最新店の情報ではありませんが、大阪の王道だと胸を張って言えるところばかりです。

そして、なんといっても伝統ある昔ながらの大阪の味を楽しんでほしいという思いでテーマを立てています。

粉もん、大阪のだし、ビフテキ、ビフカツ、串カツ、洋食……みんな好きでしょ？　絶対この味。

そして、ご紹介したお店はもちろん、大阪のお店すべてが今後もずっと、ええ感じの美味しい味わいを続けていかれることを心から願っております。

二〇二五年四月吉日

金馬由佳

京橋の立ち飲み
「居酒屋とよ」にて。

大阪安うま聖地巡礼

navi
ナビ

大阪市マップ

「キタ」と呼ばれる繁華街のある北区、
「ミナミ」と呼ばれる繁華街のある中央区を中心に、
大阪市には24の区があります。

「安うま聖地巡礼」

主要駅路線図

「キタ」はJR大阪駅と大阪メトロ梅田駅を中心にしたエリア、
「ミナミ」は大阪メトロ心斎橋駅となんば駅を中心としたエリアです。

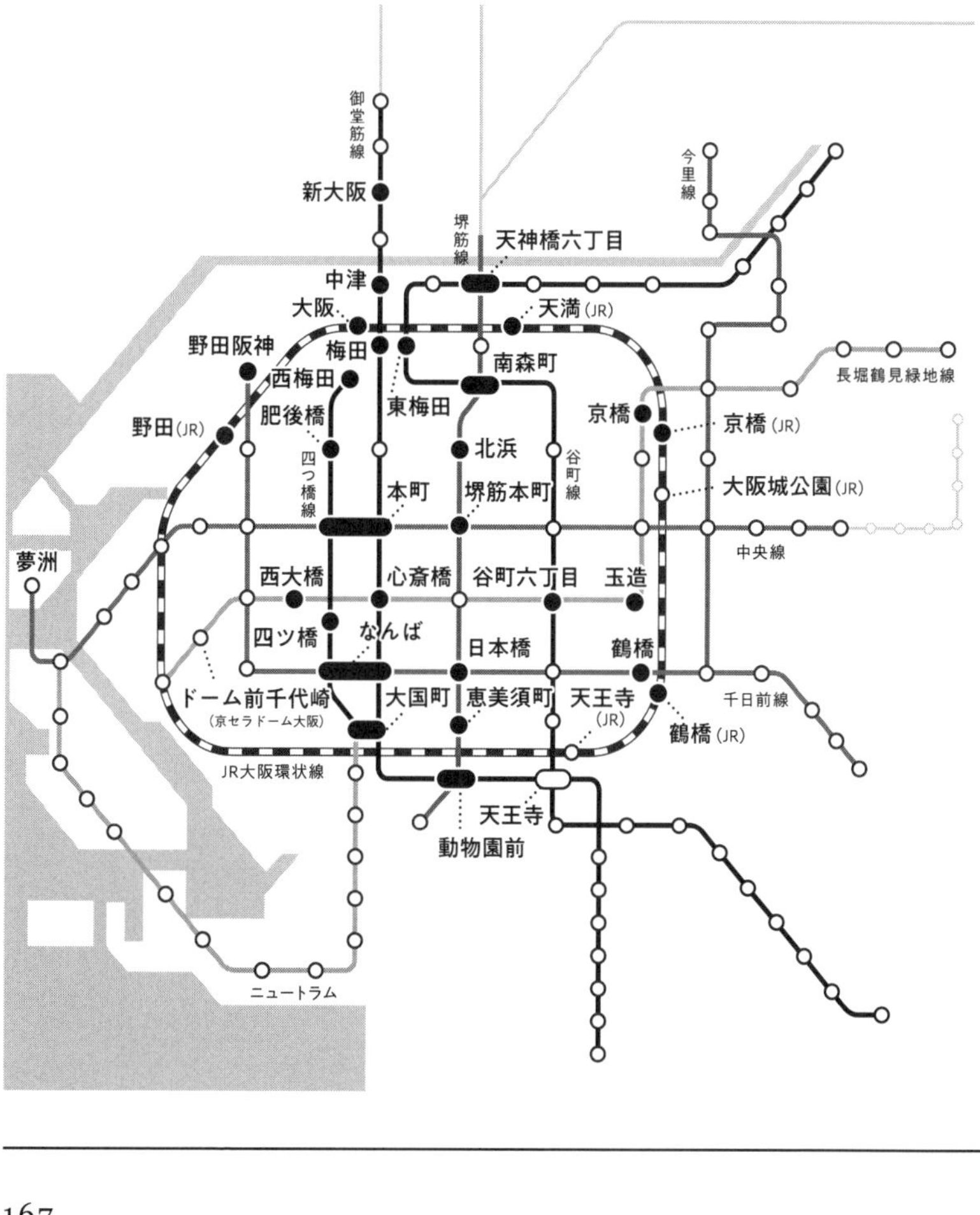

大《おお》阪《さか》安《やす》うま聖《せい》地《ち》巡《じゅん》礼《れい》

二〇二五年五月一三日　第1刷発行

著者　金《きん》馬《ば》由《ゆ》佳《か》
発行者　清田則子
発行所　株式会社講談社
〒一一二-八〇〇一　東京都文京区音羽二-一二-二一
販売　TEL〇三-五三九五-五八一七
業務　TEL〇三-五三九五-三六一五
編集　株式会社講談社エディトリアル
代表　堺　公江
〒一一二-〇〇一三
東京都文京区音羽一-一七-一八　護国寺SIAビル六階
編集部　TEL〇三-五三一九-二一七一
印刷所　株式会社KPSプロダクツ
製本所　株式会社若林製本工場

ISBN978-4-06-539221-8

金馬由佳　きんば・ゆか

大阪府生まれ。

神戸新聞社デジタル推進局プロジェクト編集部デスク。

同志社大学文学部卒業後、京阪神エルマガジン社入社。情報誌編集部に在籍し、『ミーツ リージョナル』編集長、『リシェ』編集長を経て、現職。

神戸新聞社『まいどなニュース』編集部での業務の他、関西のおいしいもの情報に精通するグルメとして、テレビ、雑誌でコメントを発信している。

2025年大阪・関西万博評価委員会委員。

イラスト　ひらめぐ商店
写真　塩崎　聡（P2-8）
ブックデザイン　アルビレオ